VLM

Fritz Grünzweig

Kleine Anleitung zur Seelsorge

Eine Aufgabe für alle, die an Jesus glauben

VLM

Verlag der
Liebenzeller Mission
Bad Liebenzell

ISBN 3-88002-325-5

Umschlaggestaltung: Jürgen Keller, Haiterbach
Satz: Typo Schröder, Dernbach
Druck: St.-Johannis-Druckerei, Lahr
Printed in W.-Germany

Inhalt

Einleitung

Einer der Mitleitenden in einer Gemeinschaft besuchte einen Mann aus dieser Gemeinschaft, der gerade krank war. Im Lauf des Gesprächs sagte der Kranke: „Mich treibt jetzt in der Stille der Krankheit die Frage um, die bei mir immer wieder aufgetaucht ist: Bin ich wirklich recht im Glauben? Kann ich gewiß sein, daß Gott mich einmal annimmt?“ Und fragend blickte er den an seinem Bett Sitzenden an. In die Lage dieses Besuchers können auch wir täglich geraten. Das heißt, wir können vor der Aufgabe stehen, Seelsorge üben zu müssen.

In der christlichen Seelsorge geht es darum, daß wir in der Vollmacht unseres gekreuzigten, auferstandenen und gegenwärtigen Herrn, in den Bahnen der Heiligen Schrift und gemäß der aus ihr geschöpften Wahrheit Gespräche führen mit folgendem Ziel: daß das Verhältnis eines Menschen zu unserem Herrn Jesus Christus und damit zu Gott geordnet oder wieder geordnet wird, daß der Betreffende in seiner jeweiligen Lage die rechte innere Haltung zu seinem Herrn gewinnt, daß er die richtigen Entscheidungen trifft und den ihm gewiesenen Weg geht und so den biblischen Glaubensgehorsam bewährt.

Als an Jesus Glaubende sind wir im Sinne des Priestertums aller Gläubigen grundsätzlich dazu berufen und ermächtigt, Seelsorge zu üben (vgl. Gal 6, 1; 1. Petr 2, 9).

Dieser Dienst ist heute um so dringlicher, als in unserer Zeit viel Angst und Ratlosigkeit in der Welt ist und auch in Kreise der christlichen Gemeinde eindringt. Was hier hauptamtliche Brüder und Schwestern tun können, reicht bei weitem nicht aus. Und dazu kommt, daß heute nicht selten von denen, die durch ihr Amt zur Seelsorge berufen sind, infolge ihrer theologischen Position in *biblischer* Seelsorge nicht viel erwartet werden darf. Um so mehr ist es dringend nötig, daß „sogenannte Laien", Männer und Frauen, diesen Dienst zu tun bereit sind.

Als mit unserem Herrn und in seinem Wort Lebende dürfen wir damit rechnen, daß er uns auch in der Aufgabe der Seelsorge durch seinen Geist „in alle Wahrheit leitet". Doch es gehört zu der von unserem Herrn gebotenen Treue, daß wir uns auch für diese so wichtige Aufgabe mit allem Ernst vorbereiten und sie biblisch unter Gebet bedenken. Dafür möchte dieses kleine Buch eine Anregung sein.

Bei seiner Abfassung wurde an Mitchristen gedacht, die keine Ausbildung haben, aber die willig sind, sich neben ihrer Berufsarbeit oder ihrer Aufgabe als Frau und Mutter von ihrem Herrn auch für Seelsorgedienste gebrauchen zu lassen. Unser Herr möge diese Männer und Frauen in seiner Gnade auch hierin segnen und zum Segen setzen für Zeit und Ewigkeit.

Unserem Herrn Jesus Christus war und ist keine Mühe zuviel für uns. Da soll auch uns keine Mühe zuviel sein für ihn und von ihm her für Menschen, an denen er gerade sein Werk tut und es zum Teil auch durch uns tun will. „Er ist es wert, daß man ihn ehrt und sich in seinem Dienst verzehrt."

Seelsorge im Neuen Testament

Der Ausdruck „Seelsorge“ kommt in unseren Bibelübersetzungen nicht vor, aber die „Sache“ um so mehr.

Zunächst wollen wir *Jesus* wenigstens an *einem* Beispiel in seiner Seelsorge beobachten; bei ihm möchten wir im Blick auf alle unsere Lebens- und Aufgabenbereiche in der Lehre sein, auch in der Seelsorge. Sodann wollen wir sehen, wie in der Gemeinde Jesu nach Pfingsten Seelsorge geübt wurde und wie sie dementsprechend auch heute recht geübt wird. Dabei wollen wir insbesondere auf *ein* Wort im Neuen Testament achten, das häufig vorkommt und mit dem besonders klar zum Ausdruck gebracht wird, was wir heute „Seelsorge“ nennen. Auch auf die Frage, *wer* denn zur Seelsorge berufen ist, wollen wir im Neuen Testament die Antwort suchen. Und schließlich wollen wir einen Mann aus der ersten Christenheit ins Auge fassen, der mit seiner ganzen Existenz ein Seelsorger war und geradezu „Seelsorger“ genannt wurde.

I. Jesu Seelsorge

1. In den Evangelien ist oft davon berichtet, wie Jesus Seelsorge übte. Es seien hier nur einige wenige Beispiele erwähnt: In Jerusalem sprach er in diesem Sinn mit Nikodemus, einem führenden Juden (Joh 3, 1ff.). Aber er sprach ebenso auch in Samarien, wo „die ganz anderen Leute“ wohnten. Durch deren Gebiet gingen

die Juden, wenn sie nicht auf ihrem Weg nach Jerusalem dem Land überhaupt auswichen, sozusagen nur mit „angehaltenem Atem". Jesus redete hier mit einer verachteten Frau und hatte dabei das Ziel, daß sie zum Glauben kam und auch andere zum Glauben rief (Joh 4, 1-42). Weiter hören wir, wie Jesus einen königlichen Beamten Stufe um Stufe zum Glauben führte (Joh 4, 43ff.); wie unser Herr von Schuld und Gebundenheit befreite (Joh 8, 1ff.); wie er ein Leben verwandelte, das Leben des Oberzöllners Zachäus (Lk 19, 1ff.), und wie er sich um einen frommen jungen Menschen bemühte, der sich ihm aber schließlich doch entzog. Jesus, Gott, zwingt niemand (Mt 19, 22). Es muß deshalb auch bei uns nicht in jedem Fall ein Manko sein, wenn wir bei einem Seelsorgedienst nicht zum Ziel kommen. Auch der erhöhte Herr treibt Seelsorge. Sogar bei einer Gemeinde, die sich von ihm distanziert hat, will er wieder anknüpfen; dazu kommt er und klopft wieder an ihre Tür (Offb 3, 20). Damals ging es um Laodizea, und heute geht es um uns; denn „Jesus Christus ist gestern und heute derselbe" (Hebr 13, 8), und er tut gestern und heute dasselbe.

2. Von dem ausführlich berichteten und auch für uns besonders lehrreichen Beispiel des Seelsorgegesprächs Jesu mit der samaritischen Frau am Jakobsbrunnen (Joh 4) sei nun noch etwas eingehender die Rede:

a) Unser Herr ließ sich auch hier in Samarien unerwartet von seinem Vater in Aufgaben weisen. Haben auch wir ein Gemerk dafür, wo unser Herr uns etwas aufträgt, auch bei nur kurzen Begegnungen, etwa auf der Bahn- oder Busfahrt, auch mit Ausländern! Viele verstehen nun unsere Sprache.

b) Jesus, der so vielfach in Anspruch Genommene, war müde (V. 6). Er hätte ein Recht gehabt, nun während einiger Augenblicke „für sich“ sein zu können. Doch auch jetzt war er für den Wink seines Vaters offen und willig. Durch nichts ließ er sich abhalten, im Auftrag Gottes Menschen einen Dienst zu tun: nicht durch ein Sabbatgebot (Mt 12, 9-14), nicht durch eine Sitte, ja nicht einmal durch die Grenze seiner damaligen Beauftragung (Mt 15, 24ff.; vgl. Mt 28, 18-20). Auch wir wollen in jedem Fall und zu jeder Zeit unserem Herrn zur Verfügung stehen, wenn er etwas durch uns tun will. Er überfordert seine Leute nicht; Urlaub und uns zustehende Freizeit wollen wir darum nicht gegen seine Aufträge geltend machen.

c) Jesus bittet die Frau um einen Dienst: „Gib mir zu trinken!“, um sie bereit zu machen für *seinen* Dienst. Solch eine Bitte, auch durch uns, kann gerade für verunsicherte, entmutigte, von Minderwertigkeitsgefühlen bedrückte Menschen eine große Hilfe sein, hebt sie empor und macht sie offen für das, was wir bringen, das Wort Jesu.

d) Darauf nützte Jesus die Offenheit der Frau zu seiner Einladung, daß auch sie nun ihn bitte, nachdem er sie gebeten hatte (V. 10). Die Aufmerksamkeit für den Wink unseres Herrn, die Liebe zu den Menschen, die nichts so sehr brauchen wie Jesus und sein Heil, und insbesondere Weisheit und Kraft des Heiligen Geistes ermöglichen es auch uns, solche Offenheit eines Menschen recht zu nützen.

e) Jesus wollte die Frau tiefer führen: Er redete vom „lebendigen Wasser“. Die Leute damals dachten bei diesem Wort an Quellwasser im Unterschied zu abgestandenem Zisternenwasser. Die Frau sollte verstehen, wonach der Mensch eigentlich dürstet und bei wem allein dieser Durst gestillt werden kann (vgl. Ps 36, 10; 42, 3; Hes 37; Joh 7, 37-39; Offb 22, 17). Doch bei der Frau schien alles vergebens, ihr Blick blieb auf die äußeren Bedürfnisse gerichtet (V. 15). Für uns pflegt damit „der Fall erledigt“ zu sein: „Dieser Mensch hat halt kein Organ für das Göttliche!“ Doch Jesus machte weiter.

f) Er wandte sich an ihr Gewissen (V. 16): Unser Herr ist der Arzt, er muß den Schaden beim Namen nennen; die Diagnose muß klar sein (V. 18), wenn die Therapie, die Heilbehandlung richtig sein soll. Der ganze Schaden muß aufgedeckt werden, wenn wirklich geheilt werden soll.

g) Auf den ersten Blick erscheint es wie ein Ausweichen, daß die Frau nun ein viel diskutiertes Problem jener Zeit ins Spiel brachte (V. 19.20). Aber Jesus sah, daß sich darin ihre tiefe Frage ausdrückte: „Wo kann ich wirklich Gott erreichen, um ihm mein ganzes Elend zu bringen?“ Jesus verstand sie besser, als sie sich selbst verstand. Und auch wir als Leute, die von Jesus herkommen, denen er die Augen der Liebe geschenkt und geöffnet hat, verstehen die Menschen besser, als sie sich selber verstehen. Jetzt und hier konnte die Frau durch die Wirkung von Gottes Geist in Jesus Christus Gott finden, anbeten und ihn in ihrem Elend um Hilfe bitten. Er ist da.

h) Jesus offenbarte sich der Frau als der verheißene Messias (V. 26), und unser Herr mußte ihr sagen, daß er das ist; von sich aus konnte sie es nicht wissen. Auch wir müssen in Verkündigung, Unterricht und Seelsorge manches einfach sagen, über die biblischen Tatbestände informieren. Gott kann den Menschen durch den Heiligen Geist dafür offen machen, daß er es zu hören vermag, annimmt und es mit der Hingabe seines Lebens beantwortet, so wie die samaritische Frau nun gleich sogar zur Missionarin wurde (V. 28.29).

II. Die Seelsorge in der ersten Christenheit

1. Es ist vor allem *ein* griechisches Wort im Urtext des Neuen Testaments, welches das zum Ausdruck bringt, was wir heute mit „Seelsorge üben" meinen. Es heißt „parakalein" und bedeutet: ermahnen, ermuntern, ermutigen, anspornen, bitten, einladen, trösten.

Aus diesem Zeitwort ist auch die Bezeichnung für den Heiligen Geist in den Abschiedsreden Jesu gebildet: der „Paraklet", der „Anwalt", der „Tröster" (Joh 14, 16.26; 15, 26). Das Wort besagt beides: der Heilige Geist redet für uns mit Gott; er vertritt uns (Röm 8, 26.27). Und er redet für Gott, im Sinne Gottes und der Schrift, mit uns, das heißt, er übt Seelsorge an uns. So stehen wir durch Gottes Wort und Geist als Glaubende in der Seelsorge Jesu.

2. Einige der zahlreichen Schriftstellen mit diesem „parakalein", „ermahnen", „Seelsorge üben" seien hier erwähnt: Petrus „ermahnte" die ihn fragenden Menschen: „Laßt euch erretten aus diesem verkehrten Geschlecht!" (Apg 2, 37.40). – Barnabas und Paulus „ermahnten" die zum Glauben Gekommenen, daß sie nun auch im Glauben blieben (Apg 11, 23; 14, 22). Ja, „Tag und Nacht" hatte Paulus so „einen jeden mit Tränen ermahnt" (Apg 20, 31). Hier steht für „ermahnen" im Urtext nicht das lindere Wort „parakalein", sondern das strengere „nouthetein". – Paulus konnte von seinem Herrn her, dem er gehörte und

diente, selbst in der höchsten Gefahr auch Nichtglaubende ermahnen und ermuntern, „unverzagt zu sein" (Apg 27, 21ff.). – Nachdem Paulus im Römerbrief ausführlich davon gesprochen hat, was Gott zu unserm Heil tut, sagt er anschließend auch, was Gott von uns erwartet, was die rechte Folgerung ist: „Ich *ermahne* euch nun, liebe Brüder, durch die Barmherzigkeit Gottes, daß ihr eure Leiber hingebt als ein Opfer, das da lebendig, heilig und Gott wohlgefällig ist" (Röm 12, 1). – Auch hat Paulus, gewiß angesichts einer konkreten Situation, zwei Frauen in der Gemeinde zu Philippi „ermahnt", „eines Sinnes in dem Herrn" zu sein (Phil 4, 2).

III. Wer ist zur Seelsorge berufen?

1. *Nur* im Glauben an Jesus Stehende und so vom Geist Gottes Erfüllte (Joh 7, 39; Eph 1, 13) bekommen diese Dienstanweisung. Andere können nicht in Vollmacht des Herrn und seines Geistes reden und nicht in den Bahnen der Schrift trösten, ermuntern, locken, einladen, anspornen. Nur solche, die *persönlich* im lebendigen Glauben an Jesus stehen, sich ihm hingeben und ihm immer von Herzen folgen, können es; keine Ausbildung und Schulung ersetzt das.

2. *Alle* Glaubenden sind berufen, ermächtigt, erforderlichenfalls Seelsorgedienste zu tun. Dazu ist kein besonders herausgehobenes Amt nötig, wenn es auch Männer und Frauen in der Gemeinde gibt, die dazu extra beauftragt sind. Doch das ist kein Grund für die andern, „die Finger davon zu lassen". Philippus wurde bestellt, „zu Tisch zu dienen", und tat nachher in Wei-

sung und Vollmacht des Herrn dennoch wichtige Seelsorgedienste (Apg 6, 5; 8, 5-40). Alle Glaubenden sind zum Priestertum berufen (1. Petr 2, 9; Offb 1, 5.6) und deshalb auch zum Seelsorgedienst. So sagt die Schrift immer wieder allen Glaubenden: „Ermahnet euch untereinander“, das heißt, tut einander den Seelsorgedienst (vgl. Röm 15, 14; Kol 3, 16; Hebr 3, 13; 10, 25). Und Paulus ruft die Glaubenden in der Landschaft Galatien auf: „Liebe Brüder, wenn ein Mensch etwa von einer Verfehlung übereilt wird, so helft ihm wieder zurecht mit sanftmütigem Geist, ihr, die ihr geistlich seid“ (Gal 6, 1). Das ist fraglos ein Aufruf zur Seelsorge. Die Glaubenden werden alle als „Geistliche“ bezeichnet, weil in ihnen allen Gottes Geist wohnt (Joh 7, 39; Eph 1, 13). Auch hier handelt es sich um eine ausgesprochen seelsorgerliche Aufgabe, die allen Glaubenden aufgetragen wird.

Nach dem allem ist vielgestaltige Seelsorge eine Aufgabe auch für uns.

IV. Ein Mann heißt und ist Seelsorger

In der Urgemeinde lebte ein Mann namens Josef, der entsprechend seinem Verhalten „von den Aposteln Barnabas genannt wurde“ – das heißt übersetzt „Sohn des Trostes“. Nach semitisch/israelitischem Sprachgebrauch bedeutet „Sohn“ sein „etwas ganz und gar sein“. Der Antichrist wird in 2. Thessalonicher 2, 3 „Sohn des Verderbens“ genannt; er ist also ganz und gar Verderben, gottwidrigen Wesens. „Barnabas“ dagegen war „Sohn des Trostes“, einer, der ganz und gar, mit Wort, Tat und Wesen, ein Tröster, ein Tröstender war. Im Urtext steht hier ein aus dem Zeitwort

„parakalein“, „trösten“, gebildetes Hauptwort. In allem also, was er tat und war, erwies er sich als ein Seelsorger. Wir sehen an ihm besonders klar, wie umfassend der Seelsorgedienst sein kann:

1. Es wäre für die armen, von einflußreichen Gegnern boykottierten Christen in Jerusalem schwer gewesen, zu glauben, daß Gott in Jesus Christus alles für sie hingegeben hat (2. Kor 8, 9), wenn neben ihnen Mitchristen zwar schöne Worte gesprochen hätten, aber dennoch auf ihrem Wohlstand sitzen geblieben wären, während sie, die Ärmeren, hungerten. Da war das Verhalten des Barnabas, der, als sein laufendes Einkommen nicht mehr ausreichte, nun eben die Substanz angriff, ein wichtiger Seelsorgedienst (Apg 4, 36.37).

2. Gott hat in Jesus Christus trotz unserer Sünde die Brücke zu uns geschlagen und Frieden mit uns geschlossen (Eph 2, 15.16; Kol 1, 20). Das erfuhr Paulus vor Damaskus. Aber es wäre für ihn schwer gewesen, das recht festzuhalten, wenn die Christen, die Nachfolger Jesu, sich aus Angst, Mißtrauen und Gründen des Nachtragens weiterhin von ihm abgesetzt hätten. Da war es ein entscheidend wichtiger Seelsorgedienst, den Barnabas dem Apostel Paulus tat, als er den Schritt zu dem wirklich oder auch nur scheinbar Neubekehrten wagte, selbst auf die Gefahr hin, hier in eine Falle zu gehen. Lieber wollte er, daß ihm Unrecht getan wurde, als daß er mit der Gemeinde in Jerusalem dem neu zum Glauben Gekommenen Unrecht tat. So schlug Barnabas eine Brücke zwischen der Urgemeinde und Paulus, indem er diesen zunächst bei sich aufnahm und dann für ihn gut sprach (Apg 9, 26-28).

3. Mit seiner Seelsorge in der Flüchtlingsgemeinde zu Antiochien (Apg 11, 22-29) konnte Barnabas die dortigen Gemeindeglieder dahin führen, daß auch sie wie er für die bedrängten Glaubensgeschwister in Jerusalem Opfer brachten und daß sie wie er in Jesu Wesen umgestaltet wurden. Auch die Umwelt bekam einen Eindruck davon, was aus diesen Menschen geworden war. Erstmalig wurden die an Jesus Glaubenden „Christen" Christusleute genannt. Denn sie wurden mehr und mehr in Jesu Wesen gestaltet (Apg 11, 22-30; Gal 4, 19), der Seelsorger und die, an denen Seelsorge geübt wurde. „In Wort und Werk und allem Wesen sei Jesus und sonst nichts zu lesen" (G. Tersteegen).

4. Bei rechter Seelsorge geht es immer um das rechte Verhältnis der Menschen zu Gott, darum, daß Menschen in die Gemeinschaft mit Jesus und damit in die Gemeinschaft mit Gott geführt und darin erhalten werden, so daß Gott mit ihnen an sein Ziel kommt, auch mit Leuten, die ihn jetzt noch nicht kennen. So war Barnabas auch willig für die neue und unerwartete Aufgabe, zusammen mit Paulus planmäßig das Evangelium in die Welt zu tragen, also Weltmission zu treiben (Apg 13, 1-3). Und gewiß half er auch mit, daß die Gemeinde in Antiochien willig wurde, für Gottes Sache das Opfer zu bringen und ihre besten Leute im Frieden ziehen zu lassen, sie mit dem Nötigen auszustatten und mit herzlicher Fürbitte zu begleiten, also nicht nur ein volles Ja zu Gottes Wegen zu haben, sondern auf diesen Wegen mit Gott auch zu wirken.

5. Auch an dem jungen Markus tat Barnabas in einer Krisenstunde einen wichtigen Seelsorgedienst (Apg 15, 36-41). Zwar hatte Paulus insofern recht, als er von

seinem Herrn eine so große, weiträumige Aufgabe erhalten hatte, daß er bei seinen raschen Vorstößen, in der Folge auch nach Europa, keine zaudernden Leute in seiner Arbeitsmannschaft haben konnte. Aber Barnabas hatte ebenfalls recht, weil er hier eine andere Aufgabe von seinem Herrn empfangen hatte, eben den jungen, noch ungefestigten Markus in einer Krise durchzutragen. Barnabas wußte, daß ihn selbst sein Herr mit großer Geduld trug. So wollte er auch den jungen, noch unreifen Menschen mit Geduld tragen. Darüber entstanden zwei Missionsmannschaften mit vermehrter Wirkungsmöglichkeit. Auf jeden Fall gab die Zukunft Barnabas recht. Markus wurde ein trefflicher Christ: Er schrieb, wohl vor allem nach Berichten des Apostels Petrus, das Markus-Evangelium, bewährte sich als Mitarbeiter aufs beste und erlitt nach außerbiblischen Nachrichten den Märtyrertod (Kol 4, 10; 2. Tim 4, 11; Phlm 24; 1. Petr 5, 13). Was wäre wohl aus Markus geworden, wenn ihn seinerzeit auch Barnabas weggeschickt hätte?

Alles in allem: Wir sehen an Barnabas, wie unsere Worte, unsere Taten, unser gesamtes Verhalten seelsorgerliche Bedeutung und Wirkung haben können. Unser Herr möge auch uns durch sein Wort und seinen Geist wie Barnabas in sein Bild und Wesen gestalten (vgl. Gal 4, 19), uns dazu befähigen, daß wir rechte Seelsorger werden!

Ja, unsere Zeit mit so viel Ratlosigkeit und Fehlentwicklung braucht Seelsorger. Stellen auch wir uns dafür zur Verfügung! Und lassen wir uns dafür zurüsten!

Worauf wir bei uns selbst zu achten haben, wenn wir Seelsorge üben

Wir alle müssen als Glaubende bereit sein, Dienste der Seelsorge zu tun. Es geht nun in der Seelsorge, wie gesagt, darum, *andern* dazu zu helfen, daß sie mit *Gott* ins rechte Verhältnis kommen und darin bleiben und daß sie in den großen und kleinen Entscheidungen, im Tun und im Lassen, Schritte des Gehorsams tun. Darum ist es nötig, zuerst darauf zu achten, daß *wir selbst* diese Haltung klar einnehmen, und das aus zwei Gründen: um der inneren Vollmacht willen, und weil wir dadurch um so klarer sehen, welche innere Haltung und welches äußere Verhalten wir bei denen anzustreben haben, an denen wir einen Seelsorgedienst ausüben.

I. Was *vor* einem Seelsorgegespräch zu tun ist

1. Es ist entscheidend wichtig, daß wir uns vor einem Seelsorgegespräch prüfen, ob wir selbst in der rechten Haltung zu unserem Herrn stehen und unser Verhältnis zu ihm in Ordnung ist, bzw. wir haben wieder diese Haltung einzunehmen und in Buße und Glauben unser Verhältnis zu unserem Herrn zu ordnen.

2. Ein Seelsorgegespräch kann zu einer entscheidenden Weichenstellung werden im Leben eines von Gott geliebten Menschen, für den Jesus gestorben ist. Es kann zu einer Stunde werden, die für Zeit und

Ewigkeit größte Bedeutung hat. Wenn sich die Gelegenheit dazu bietet, ist es deshalb hilfreich, sich vor dem Gespräch noch etwas zurückzuziehen und im Blick auf das eigene Leben den Herrn zu bitten: „Laß all meine Schuld bis zu diesem Augenblick und bis ins Letzte, bis in die Gedanken hinein, auf Grund deines Blutes vergeben sein. Laß mich ganz erfüllt sein mit deinem Heiligen Geist, so daß nichts anderes in mir Raum hat. Gib alles alte Wesen in deinen Tod, alles Mich-selber-Suchen, auch daß ich mich durch das Vertrauen des Menschen, der mich jetzt aufsucht, geehrt fühle. Nimm mich und dann auch diesen Menschen in deine Seelsorge und zurechtbringende Erziehung. Laß durch mein armes Leben und meinen schwachen Dienst in der Kraft deiner Gnade und deines Geistes etwas erwachsen zu deinem Lob."

3. Wenn wir Seelsorgedienst tun wollen, so ist es wichtig, erforderlichenfalls auch *unsererseits* Seelsorgedienst in Anspruch zu nehmen einschließlich der Willigkeit, auch in einem solchen persönlichen Gespräch Sünde zu bekennen. – In der Seelsorge sind wir Gehilfen des guten Hirten der Schafe (Joh 10; 1. Petr 5, 1.2; Hebr 13, 20). Der Schafhirte geht im Unterschied zum Vieh-, Schweine- und Gänsehirten seiner Herde voran. So ist es nötig, daß wir auch in dieser Hinsicht in der Seelsorge denen vorangehen, denen wir dienen sollen und wollen.

4. Gerade auch in der Vorbereitung zu einem Seelsorgegespräch wollen wir im Blick auf die hier vorgebrachten Bitten einschließlich der Bitte um Weisheit den einfältigen *Glauben* festhalten, daß unser Herr uns hört, und nicht irgendwie zweifeln (vgl. Jak 1, 5.6).

5. Alles in allem: Nötig ist es, *jetzt* im Kontakt mit Jesus zu sein, in seiner *Gemeinschaft.* Diesen Kontakt gilt es bewußt aufzunehmen, auch wenn wenig Zeit bleibt. Vielleicht genügt die Spanne, während der andere sich niedersetzt und zu reden beginnt. Es ist nötig, jetzt da zu sein, wohin wir den andern mit unserer Seelsorge ziehen möchten, jetzt die Haltung zum Herrn einzunehmen, zu der wir den andern führen wollen, einschließlich auch der erforderlichen Leidensbereitschaft.

II. Was während des Seelsorgegesprächs zu tun ist

1. Unentbehrlich ist es, innerlich zugleich auch in der Zwiesprache mit dem unsichtbar gegenwärtigen *Herrn* zu sein und zu bleiben. Er ist der große „Dritte" in diesem Gespräch, nein, der Erste. Es genügt dazu immer wieder eine kurze Bitte, ein Seufzer zum Herrn, ein Dank. Auch das Gebet um Weisheit durch Gottes Geist im Hören, im Heraushören des Eigentlichen in den Worten des andern, und dann ebenso im Antworten gehört dazu. Auf jeden Fall ist es wichtig, sich allezeit der Gegenwart des großen Herrn bewußt zu bleiben.

2. Auch hier gilt: „Sei schnell zum Hören, langsam zum Reden" (Jak 1, 19). – Es ist wichtig, „schnell" auf *Gott* in seinem Wort zu hören, auf den Wink seines Geistes zu achten. Wichtig ist aber auch, „schnell" auf den *Menschen* zu hören, der uns gegenüber sitzt, für ihn „ganz Ohr" zu sein. Nötig ist es, auf Angedeutetes zu achten, um noch klarer zu erkennen, was das eigentliche Anliegen und die eigentliche Not des Betref-

fenden ist. Und nötig ist es, sich in Liebe in die Lage des andern zu versetzen und sozusagen durch sein „Fenster“, mit seinen Augen die Dinge zu sehen. – „Seid langsam zu reden“: Denken wir nicht zu rasch: „Ich weiß schon...“ Es kann sein, wir wissen noch gar nichts. Unterbrechen wir den andern nicht! Fallen wir ihm nicht in die Rede! Geben wir nicht vorschnell Antworten! Beschränken wir uns zunächst nur auf einige klärende Rückfragen, damit der andere nicht zu sehr abschweift und sich verliert. Aber auch diese sollten nicht zu früh kommen. Wenn wir unsere klärenden Rückfragen und die nötigen Antworten zuerst in der inneren Zwiesprache mit unserem Herrn bereden, dann sind wir nicht so sehr in der Gefahr, unzeitige und unausgereifte Worte zu sagen.

3. Bleiben wir auch unter dem Gespräch beim *Danken,* auch mitten in aller eigenen Ratlosigkeit. Danken wir dafür, daß Gott die Bitte um Weisheit gern erhört (Jak 1, 5), daß sein Wort nicht leer zu ihm zurückkommt, sondern daß es ausrichtet, wozu er es sendet (Jes 55, 11), ja, daß unsere Arbeit nicht vergeblich ist in dem Herrn (1. Kor 15, 58). So ist bei uns der lähmenden Verzagtheit gewehrt. „Vor Gott ist kein Ding unmöglich.“

III. Was nach dem Seelsorgegespräch zu tun ist

1. Vielleicht ist es nötig, nach dem Gespräch in Vollzug dessen, was erkannt wurde, nicht nur dem Gegenüber etwas zu empfehlen, sondern auch *selber* etwas zu *tun:* ein Gespräch mit Dritten zu führen, mit ihnen zu telefonieren oder zu schreiben, Fürsprache einzulegen

oder auch dem Betreffenden eine Unterstützung zu gewähren. Mit Dritten sollten wir uns jedoch keinesfalls hinter dem Rücken und ohne das Wissen des Betreffenden in Verbindung setzen. Wir müßten es schon ihm gegenüber übernommen und versprochen haben. Doch was wir zugesagt haben, auch an äußerer Hilfe, sollten wir bald ausführen. Wenn wir von vielen in Anspruch genommen werden, ist es unerläßlich, über solche Versprechen und ihre Erfüllung Buch zu führen.

2. Es kann nötig sein, den Betreffenden, dem wir einen Seelsorgedienst getan haben, nachher *wieder anzusprechen,* mit ihm noch einmal zu telefonieren, ihm zu schreiben, ihn auch mündlich zu fragen, wie es ihm nun inzwischen gehe. Doch das ist auf keinen Fall immer nötig und richtig; denn wir wollen doch den, an dem wir einmal einen Seelsorgedienst getan haben, nicht für immer an uns binden. Es kann sein, daß er nach uns noch den Seelsorgedienst eines anderen in Anspruch nimmt, weil er zum Beispiel den Eindruck hat, dieser könne sich nach seinem eigenen Lebensgang eher in seine Lage versetzen und ihm raten. Wenn wir darauf empfindlich reagierten, dann käme dadurch nur an den Tag, daß es uns schon immer mehr um unsere Geltung ging als darum, andern einen Dienst zu tun, und daß wir eher Menschen an uns zu binden trachten, als sie an den Herrn freizugeben und an ihn zu binden.

3. In jedem Fall ist es unerläßlich, für denjenigen weiter *Fürbitte* zu tun, an dem wir einen Seelsorgedienst getan haben. Die Väter sagten, nach der Aussaat des Wortes – auch in der Seelsorge – gelte es, die

Saat „einzueggen“. Damit meinten sie eben die Fürbitte, daß der Herr den Dienst durch sein Wort und seinen Geist fruchtbar mache und den andern weiter in alle Wahrheit leite; daß der Ertrag des Gesprächs nicht nur schnell vergessene „gute Vorsätze“ seien, mit denen ja „der Weg zur Hölle gepflastert“ ist; daß unser Herr „Wollen und Vollbringen schenke nach seinem Wohlgefallen“; daß er den Betreffenden vor List und Gewalt des Feindes bewahre; daß er ihn bei sich – und in seiner Gemeinde – erhalte für alle Ewigkeit. Damit uns nötige Fürbitten nicht wieder aus den Augen und den Gedanken kommen, sind Fürbittelisten hilfreich, etwa eine, die wir wöchentlich vornehmen, und eine dringliche, die wir täglich zur Hand nehmen. Wichtig ist insbesondere auch, daß wir gegebene Fürbitteversprechen erfüllen.

Geben wir keinen auf! Kapitulieren wir im Blick auf keinen Menschen vor dem Satan! Gott kann, auch nach langer Zeit, aus Letzten sogar Erste machen. „Werfet euer Vertrauen nicht weg, welches eine große Belohnung hat“ (Hebr 10, 35).

IV. Eine besondere Aufgabe: Sündenbekenntnisse, „Beichte“ hören

1. Zunächst sei gesagt: Es kann hilfreich sein, Sünden auch vor einem seelsorgerlichen Menschen zu bekennen. So können sie um so echter auch vor Gott bekannt werden, der andere kann mit uns zusammen diese Sünden mit der Bitte um Vergebung vor Gott bringen und uns von Gottes Wort her der Vergebung vergewissern. Der geistliche „Ort“ solchen Bekennens der Sünden ist im württembergischen

Konfirmandenbuch gut bezeichnet: „Buße tun heißt umkehren in die offenen Arme Gottes. Dazu gehört, daß wir die Sünden herzlich erkennen, vor Gott und in gewissen Fällen auch vor Menschen bekennen, bereuen, hassen und lassen und im Glauben an Jesus Christus in einem neuen Leben wandeln."

Das im Zusammenhang mit der Abendmahlsfeier übliche altdeutsche Wort „Beichte" kommt von „bejahen" her; der Mensch bejaht, auch im Blick auf bestimmte Dinge, daß er vor Gott ein todeswürdiger, der Begnadigung durch Gott bedürftiger Sünder ist.

2. *Wir* sollten als erfahrene Christen bereit sein, im Rahmen der von uns geübten Seelsorge Sündenbekenntnisse, also Beichte zu hören und auch hier einen Dienst zu tun. Dabei sollten wir nicht auf Sündenbekenntnisse drängen; vor Menschen sind sie nicht in jedem Fall nötig.

3. Das Hören von Sündenbekenntnissen kann uns zur *Gefahr* werden: Wir halten uns für überlegen. Wir sonnen uns in dem Vertrauen, das uns entgegengebracht wird. Wir hören mit neugierigen Ohren. Wir lassen das Gehörte so in uns hinein, daß es unsere Phantasie befleckt. Das gilt besonders, wenn uns Sünden auf dem Gebiet der Sexualität bekannt werden. Hier auf keinen Fall neugierige Rückfragen stellen! Im Gegenteil, es kann die Zwischenbemerkung nötig sein: „Einzelheiten sind nicht notwendig!" Der Teufel möchte auch aus der vor uns bekannten Sünde einen „Brandpfeil" machen, durch den er uns mit bösem Feuer entzünden und unser geistliches Leben verwüsten will (vgl. Eph 6, 16; Jak 3, 6). „Sollt' mir etwas schädlich sein, das laß nicht in mich hinein" (M. Hahn).

Allgemein gilt: Das Gehörte gehört nicht uns, sondern Gott; wir hören nur, um dann mit dem Bekennenden zusammen das Ganze mit der Bitte um Vergebung auf Grund des Opfers Jesu an Gott abzugeben. – Und Gott spricht: „Deiner Sünde soll ewig nicht mehr gedacht werden" (Jer 31, 34). Dann brauchen auch wir nicht mehr daran zu denken, weder an eigene Sünden noch an solche anderer Menschen, die diese uns vor Gott bekannt haben. – Wichtig ist es, nachher die Betreffenden, auch wenn wir ihnen täglich begegnen – und gerade dann –, „nicht drum anzusehen".

4. Durch rechtes Beichte-Hören werden wir in die so wichtige *Demut* geführt, dann, wenn wir unter dem Sünde-Bekennen des andern erkennen: So oder ähnlich – oder entsprechend auf einem andern Gebiet – sieht es auch bei mir aus. Indem wir erleben, wie Gott durch sein Wort und seinen Geist *andern* Sünde aufdeckt und sie ihnen so zur Not macht, daß sie sogar die Beschämung auf sich nehmen, ihre Sünde vor Mitchristen zu bekennen, können auch wir zu einer tieferen Sündenerkenntnis kommen. Um so echter wird es dann, wenn wir nachher *gemeinsam* um Vergebung bitten.

5. Nachdem wir miteinander die Sünde des andern so vor Gott gebracht haben – in der tiefen Beugung vor Gott um der menschlichen Sünde willen und im hohen Vertrauen zu Gott um des Opferblutes Jesu willen –, dürfen wir in Vollmacht von Gottes Wort und Geist dem andern die *Vergebung* seiner Sünde *zusprechen*. Das gilt auch, wenn wir nicht dazu ordiniert sind. Es kann etwa mit Worten geschehen, wie wir sie von der Feier des Abendmahls kennen: „Der allmächtige Gott

hat sich deiner erbarmt. Durch das Verdienst unseres Heilandes Jesus Christus vergibt er dir alle deine Sünde." Hilfreich ist es, das noch mit einem Bibelwort zu unterstreichen, etwa: „Das Blut Jesu Christi, des Sohnes Gottes, macht uns rein von aller Sünde" (1. Joh 1, 7).

6. Wichtig ist, daß wir gerade auch beim Dienst des Beichte-Hörens und Gnade-Zusprechens unablässig „Rebe am Weinstock" sind, das heißt, in der steten bewußten *Gemeinschaft* mit unserem *Herrn* bleiben und uns in ihm bergen. So ist er zugleich durch seinen Geist in uns und wirkt in Vollmacht seines Geistes durch uns (Joh 15, 4.5).

V. Ein heikler Punkt: das Beichtgeheimnis

1. Was wir in einem Seelsorgegespräch gehört haben, behalten wir unter allen Umständen für uns, mehr noch: wir geben es Gott ab und denken nicht mehr daran. Es ist wichtig, hier lieber zu viel zu einem Seelsorgegespräch gehörig zu betrachten als zu wenig. Wir machen auch keine Andeutungen darüber, selbst unseren Nächsten gegenüber nicht, nicht einmal unserem Ehegatten.

2. Auch wenn irgendeine Klarstellung nötig erscheint, sagen wir ohne Einverständnis des Betreffenden rein nichts, selbst dann nicht, wenn ein anderer durch das betreffende Geschehen benachteiligt ist, ja sogar, wenn die Strafgesetze des Staates verletzt sind. Wir können zwar den, der uns etwas Entsprechendes bekannt hat, ermahnen, selbst ein Geständnis abzu-

legen. Wir können uns auch bereit erklären, mit ihm zusammen einen entsprechenden schmerzlichen Gang zu tun. Aber hinter seinem Rücken und ohne sein Einverständnis dürfen wir auf keinen Fall andern etwas mitteilen oder ihn gar anzeigen. Ordinierte Pfarrer haben nach dem staatlichen Gesetz in solch einem Fall sogar das Recht der Zeugnisverweigerung. – Was wir eventuell tun können, ist, daß wir, ebenfalls unter dem Siegel der Verschwiegenheit, *einen* älteren, seelsorgerlich erfahrenen Bruder, der seinerseits gewiß schweigt, wegen unseres Verhaltens ohne Namensnennung um Rat fragen.

3. Wichtig ist es, solche Geschehnisse, von denen wir im Rahmen unserer Seelsorge Kenntnis erhalten haben, nicht als Beispiele in unserer Verkündigung zu erzählen, auch wenn sie noch so passend wären. Es zerstört in besonderem Maß das Vertrauen, wenn der Eindruck entsteht: Wenn du mit dem über eine heikle Sache sprichst, dann kannst du es irgendwie am nächsten Sonntag von der Kanzel oder vom Podium her wieder hören. Auch nach Jahren und an anderem Ort sollten wir nicht Geschehnisse aus der Seelsorge als erhellende Beispiele in unserer Verkündigung erwähnen. Selbst wenn wir keinen Namen nennen oder nur Andeutungen machen, so sind erfahrungsgemäß unter Umständen Zuhörer da, die viel schneller Zusammenhänge erkennen, als wir denken.

4. Halten wir auf jeden Fall fest: Was uns in der Seelsorge anvertraut wird, auch über Dritte, gehört nicht uns, sondern Gott. Ihm haben wir's übergeben. So gehört es auch nicht mehr in unsere Gedanken und nicht auf unsere Lippen. Es kann sein, daß die Leute

sowieso von der Sache erfahren und ein Dorf- oder Stadtklatsch daraus wird. Aber auf keinen Fall soll das durch uns geschehen, auch nicht über unsere Nächsten. Das folgt aus der Liebe Christi, der Treue, der Vertrauenswürdigkeit, die zur Frucht des Heiligen Geistes gehören (Gal 5, 22).

Seelsorge als Hilfe für den Durchbruch zum Glauben und für die ersten Schritte im Glauben

I. Beispiele für Anlässe zu diesem Dienst

1. Eine gläubige Frau hatte eine neu zugezogene Nachbarsfrau freundlich begrüßt und mit einigen Blumen willkommen geheißen. Auch sonst hatten die beiden Frauen einige Worte getauscht. Doch nun, auf dem Rückweg vom Einkaufen, auf dem sie sich wieder getroffen hatten, begann die Neuzugezogene der andern von den großen Nöten in ihrer Familie zu erzählen. Die andere fragte: „Wollen Sie nicht ein wenig zu mir hereinkommen? Da können wir besser reden; ich bin allein." Nachdem die so beschwerte Frau ihr Herz ausgeschüttet hatte, sagte die Christin, bevor sie einige praktische Ratschläge gab und auch Hilfe anbot: „Darf ich das alles zuerst im Gebet vor Gott bringen?" Und sie fügte hinzu: „Schütten doch auch Sie vor allem *Gott* im Gebet immer wieder Ihr Herz aus! Unser Herr sagt: ‚Bittet, so wird euch gegeben!'" Doch nach dem Gebet sagte die neu zugezogene Frau ernst: „Ich würde auch gerne beten. Aber ob ich das darf? In meiner Jugend sind manche bösen Dinge geschehen. Ob ich da noch zu Gott kommen kann? Meine Großmutter prägte uns ein: ‚Beten darf nur, wer sich zu Gott bekehrt hat!' Was muß ich denn da tun? Und kann ich das überhaupt noch tun?" Damit war das Feld eines Seelsorgegesprächs

betreten. Zunächst war das Wort der Christin ein Glaubenszeugnis, das noch keine eigentliche Seelsorge war. Aber durch die Rückfrage der andern Frau war nun Seelsorge im eigentlichen Sinn fällig. Für derartiges müssen wir gerüstet sein.

2. Nach einer Gemeinschaftsstunde, in der das Wort Jesu von der engen Pforte und dem schmalen Weg behandelt wurde (Mt 7, 13.14), blieb ein Bruder in mittlerem Alter zurück, der schon seit zwei Jahren mit seiner Frau die Versammlungen besuchte. Als alle weggegangen waren, sprach er den Leiter an: „Schon lange treibt mich die Frage um, und heute nun erst recht: Bin ich denn überhaupt richtig bei Jesus eingetreten, oder befinde ich mich immer noch im Vorfeld?“ Auch hier war Seelsorge nötig, sei es, daß sie gleich geübt oder daß ein Termin für ein Gespräch an einem der nächsten Tage festgelegt wurde, damit für den Austausch genügend Zeit zur Verfügung stand. Mit einer nur kurz im Gehen hingeworfenen Antwort wäre es hier nicht getan gewesen.

II. Die Diagnose, die Klärung der Frage, wo der steht, an dem wir den Seelsorgedienst tun sollen

1. Bei der genannten Frau ging es u.a. um die Frage: Wollte sie nur eben die „Voraussetzungen“ dafür schaffen, daß sie beten könnte, um dadurch möglichst schnell ihre Not loszuwerden? Ein Seelsorgegespräch darf zwar auch in diesem Fall keinesfalls zur „Vernehmung“ werden, aber es müssen unter Umständen doch noch einige kurze, klärende Rückfragen gestellt werden. Auch kann der Frau gesagt werden: „Noch

wichtiger, als daß Ihnen Ihre Not abgenommen wird, ist, daß Sie zum Frieden mit Gott und in seine enge und ungetrübte Gemeinschaft gelangen und so ewig selig werden. Gott kann auch die Not in Ihr Leben gelegt haben, damit Sie lernen, sich nach ihm und seinem Frieden und seiner Gemeinschaft auszustrecken. Es geht vor allem darum, daß Sie nun echt zum Glauben kommen."

2. Auch bei dem erwähnten Mann, der am Schluß der Gemeinschaftsstunde mit dem Gemeinschaftsleiter sprach, waren unter Umständen einige klärende Rückfragen nötig. Der Seelsorger mußte wissen: Ist das nur ein allgemein skrupulöser, sich immer selbst anzweifelnder Mann, obgleich er doch längst vor Jesus seine Sünden offengelegt, ihn um Vergebung gebeten und ihm sein Leben völlig hingegeben hat? In diesem Fall wäre nun nichts mehr nötig, als dem Mann zu sagen, daß er längst durch die enge Pforte eingegangen sei, im lebendigen Glauben stehe, den Heiligen Geist empfangen habe und ein wiedergeborenes Gotteskind sei.

Oder aber handelt es sich um einen, der in der Tat bisher nur ein frommer Mitläufer war, nur die Gemeinschaftsstunde besuchte, weil seine Frau das wollte und bereits seine Eltern dazugehörten? Sich nur in der Nähe der engen Pforte aufzuhalten, viel über die enge Pforte zu wissen und sich viel mit solchen zusammenzufinden, die durch die enge Pforte eingegangen sind, rettet ja noch nicht. Das kann Gottes Wort und Geist dem Mann nun deutlich gemacht haben. Da darf nun nichts mehr hinausgeschoben werden. Denn „heute, so ihr seine Stimme höret, so verstocket eure Herzen nicht". „Wenn Gott ziehet, ist gut laufen; wenn Gott feil hat, ist gut kaufen."

Ein solches Seelsorgegespräch muß für den Seelsorger gegenüber anderem, auch „Wichtigem", Vorfahrt haben.

III. „Gehet ein durch die enge Pforte!"

1. Die Städte Israels zu jener Zeit hatten große Stadttore, die in der Nacht geschlossen blieben. Doch neben diesen bestanden kleine Fußgängerpförtchen, durch die die Leute nur einzeln hindurchtreten konnten. Erforderlichenfalls öffnete sie der Pförtner auch bei Nacht, kontrollierte die Ankömmlinge und ließ sie danach in die Stadt ein.

Ein Bild von heute, das die hier gemeinte Sache deutlich zu machen vermag: In den Flughäfen muß, wer mitreisen will, einen engen Durchgang passieren. Einzeln nur kann man da unter den Augen der kontrollierenden Beamten hindurchtreten. Gewiß, es gibt dort auch breite Durchgänge, aber diese führen nicht zu den Flugzeugen hinein, sondern nur heraus; so kommt man nicht mit.

Genau darum geht es auch hier. Es ist nötig, persönlich unter den Augen Jesu hindurchzutreten, vor ihm das Leben offenzulegen, ihn um Vergebung zu bitten und ihm das ganze Leben anzuvertrauen, wie immer er es mit uns machen will.

2. Nötig ist es dabei, alle „sperrigen Güter", die wir nicht mit durch die enge Pforte hindurch nehmen können, unserem Herrn abzugeben:

a)Hier ist zuerst die *Sünde,* die Schuld des Menschen, zu nennen. Entscheidend wichtig ist, daß wir als Seelsorger den Menschen dahin führen, sein Leben *vor Gott* ganz offenzulegen und nichts vor ihm verbergen und ihm gegenüber zurückhalten zu wollen.

Der Seelsorger darf dabei nicht ein Sündenbekenntnis auch vor sich, dem Menschen, erzwingen wollen. Doch er kann sagen: „Wenn Sie etwas besonders belastet und Sie es mir sagen möchten, damit wir es gemeinsam vor den Herrn bringen, dann stehe ich Ihnen auch dazu gern zur Verfügung."

Anschließend ist auf jeden Fall nötig, daß der Seelsorger mit dem andern zusammen Gott um die Vergebung seiner Sünden um des Blutes Jesu willen bittet. Es kann zur echten Beteiligung des andern an diesem Gebet beitragen, wenn er dazu eingeladen wird, doch nun auch seinerseits mit einigen Worten des Gebets diese Bitte vor Gott zu bringen. Wenn er selber schwer zu einem Gebet kommt, können ihm auch Gebetsworte vorgesagt werden, die er darauf nachspricht: „Gott, sei mir Sünder gnädig! Erbarme dich meiner, o Jesus! Gib mir deinen Frieden, o Jesus!"

Danach darf dann der Seelsorger – in der bereits erwähnten Weise – dem andern im Auftrag und in der Vollmacht Jesu und seines Wortes die Vergebung zusprechen, und vielleicht noch mit einem Bibelwort unterstreichen wie bereits erwähnt: „Das Blut Jesu Christi, des Sohnes Gottes, macht uns rein von aller Sünde."

Wichtig ist es, anschließend Gott für sein Vergeben, für die Hingabe seines Sohnes zu unserer Rettung herzlich zu *danken.* Das, wofür man Gott gedankt hat, darf man um so gewisser besitzen. Dieser Dank kann sich – falls dem andern bekannt – in dem gemeinsam gesprochenen Anfang des 103. Psalms ausdrücken.

b) „Sperrige Güter", die wir nicht durch die enge Pforte hindurch nehmen dürfen und müssen, sind nicht nur unsere vergangenen Verfehlungen und Sünden, sondern auch die *gegenwärtige* Liebe zur Sünde und damit die Gebundenheit an den Feind und sein Wesen heute. Unserem Herrn dürfen wir auch das alles abgeben (vgl. Joh 8, 34.36).

Nicht nur bei okkulter Verstrickung, sondern in jedem Fall ist ein Gebet von der Art hilfreich und nötig, wie viele es einst zur Konfirmation gelernt haben: „Ich sage ab dem Teufel und seinem Werk und Wesen und will dagegen Gott und meinem Herrn Jesus gehören und dienen mein Leben lang." Auch das können wir den andern nachsprechen lassen. Es stellt vieles klar, auch dem Feind gegenüber, wenn so etwas eindeutig über die Lippen eines Menschen kommt. Damit ist dem Teufel aufgekündigt.

c) Ebenso wichtig ist es, ausdrücklich alle Zukunftspläne, die ein Mensch hat, und allen Eigenwillen dem Herrn abzugeben. Als Entschluß, Bekenntnis und Bitte sollte dem Sinn nach ausgesprochen werden: „Ich will mich nicht mehr selber führen. Du sollst als Hirte mich regieren."

3. Nötig ist insbesondere, vor dem Herrn auszusprechen, daß der, dem eben der Seelsorgedienst getan wird, *sein ganzes Leben* ohne Vorbehalt Jesus übergibt, ihn als seinen Herrn annimmt und bereit ist, ganz und allezeit in der Hingabe an ihn zu leben, das heißt, an Jesus zu glauben.

Darauf schenkt der Herr dann gleich seinen Heiligen Geist in uns, sein neues Leben, und macht uns zu seinen Kindern (Joh 1, 12; 7, 39; Röm 8, 14; Eph 1, 13). Das ist biblische Bekehrung und Wiedergeburt (Joh 3,

3.5). So sind wir in Christus, und Christus ist in uns (Joh 15, 4.5).

Es ist gut, das Ganze nun mit dem gemeinsamen Bekenntnis und der Bitte abzuschließen: „Herr Jesu, dir leb ich, dir leid ich, dir sterb ich, dein bin ich tot und lebendig. Mach mich, o Jesu, ewig selig! Amen."

IV. Nötig ist, daß nun auch klar die ersten Schritte im Glauben getan werden:

1. Der Weg der Nachfolge Jesu muß betreten werden. Nach diesem „Einstieg" gilt es, nun hinter Jesus herzugehen, wie einer angeseilt hinter seinem Bergführer hergeht, der ihn auf den hohen Gipfel bringen soll. Es ist ein „schmaler" Weg, der nun zurückgelegt werden muß, eine Gratwanderung. In die Fußspuren Jesu gilt es zu treten (1. Petr 2, 21). Auch in den alltäglichen Dingen muß gefragt werden: Wo ging, wo geht hier Jesus, er mit uns und wir mit ihm?

2. Nichts darf uns nun noch zurückbinden und von der Nachfolge Jesu abhalten. Unser Herr kann uns von dem allem lösen (Joh 8, 36): von dem Besitz, der uns abhalten will (Mt 19, 16ff.), von der Rücksicht auf Menschen (Jak 4, 4), von allerlei Dingen, die an sich nicht böse sind, die aber unser Leben so sehr besetzen, daß für unsern Herrn nicht entsprechend Raum ist, etwa einem Hobby oder einer „Vereinsmeierei" (5. Mose 5, 6.7). Wir werden unter Umständen gleich beim entscheidenden Durchbruch als Seelsorger das Gespräch auf derartiges bringen müssen.

Allerdings, von zu vielerlei jetzt schon zu reden, ist

nicht gut und häufig auch gar nicht nötig. Wenn einem Menschen Jesus groß und immer größer, immer lieber und unentbehrlicher wird, dann wird ihm anderes darüber klein und kleiner und schließlich entbehrlich. Nicht wenig fällt im Lauf der Zeit wie von selbst ab, so wie der Schorf einer heilenden Wunde.

3. Zu den ersten Schritten kann auch gehören, daß dies und das vor Menschen in Ordnung gebracht wird. Da wird um Verzeihung gebeten oder etwas bekannt und wiedererstattet. Bei derartigem können wir als Seelsorger mitbedenken und -beraten und auch vor Überspanntheiten bewahren.

4. Dringlich ist, daß wir nun gleich schon Hilfen zum regelmäßigen *Bibellesen* geben. Hinweise auf Bibellesepläne mit knappen Erklärungen und auch ihre Besorgung können hilfreich sein. Fragen an den Text erleichtern es, über dem Text zur Zwiesprache mit dem Herrn zu gelangen, etwa: Was tat hier Gott/Jesus? Und was tut er, der ja gestern und heute derselbe ist, demzufolge heute? Inwiefern gibt mir der Text Anlaß zu Buße, Bitte, Dank und Fürbitte und auch Anlaß, etwas zu tun, zu lassen und willig zu erleiden?

5. Weiter ist nötig, den neu zum Glauben Gekommenen zu einem regelmäßigen *Gebetsleben* anzuleiten: Wir wollen uns dafür Zeit nehmen, am besten in der Morgenfrühe, zu bitten, zu danken und insbesondere Fürbitte zu tun. Aber auch tagsüber, wo immer wir sein mögen, ist ja der uns unsagbar liebende, große Herr bei uns. Den wollen wir doch nicht anschweigen; der stete Umgang mit ihm soll und kann uns zur zweiten, zur neuen Natur werden.

6. Zu den ersten Schritten im Glauben gehört auch, regelmäßig unter Gottes Wort zu kommen und sich einer Gemeinschaft von Kindern Gottes anzuschließen. Es sollte ein Kreis sein, der recht eine Familie der Kinder Gottes ist mit einer frohen, natürlichen, herzlichen Gemeinschaft. Weil heute so viele derartiges nicht finden, ist die „geistliche Kindersterblichkeit" so groß. Sind unsere Kreise, Gemeinschaften und Gemeinden eine solche Familie der Kinder Gottes? Was muß da bei uns noch geschehen?

Eine neu zugezogene und neu zum Glauben gekommene unverheiratete Frau sagte: „Schön, die Gemeinschaftsstunde! Doch am Schluß sagen zwar die andern zu mir freundlich ‚auf Wiedersehen!'; aber weg gehen sie dann ohne mich, um miteinander Kaffee zu trinken. Das ist mir eine nicht geringe Anfechtung."

7. Bereiten wir die, an denen wir einen Seelsorgedienst getan haben, auch darauf vor, daß nun nicht etwa alles eitel Friede ist, sondern daß der Feind auf allerlei Weise gegen uns mobil macht, um uns doch wieder zu sich zurückzuholen. Aber unser Herr ist stärker als alles. Er hat den Feind besiegt. Er bringt uns ans Ziel, wenn wir uns nur einfältig an ihn halten: „Satan flieht, wenn er dich bei Jesus sieht." Darin dürfen wir auch Menschen, die noch jung im Glauben sind, gewiß machen: „Der in euch angefangen hat das gute Werk, der wird's auch vollenden bis an den Tag Christi Jesu" (Phil 1, 6).

Seelsorge mit dem Ziel des Wachstums im Glauben und des Glaubensgehorsams in bestimmten Situationen

Bei manchen Gliedern unserer Gemeinschaftsbewegung, auch bei manchen Evangelisten, ist fast nur von Interesse, zählt es fast nur, wenn Menschen neu zum Glauben kommen. Die andern seien ja „sowieso schon da". Aber im Neuen Testament, besonders in den neutestamentlichen Briefen, spielt auch eine große Rolle, daß doch die bereits Gerufenen weitergeführt werden. Sie sollen „wachsen" im „Glauben", in der „Erkenntnis", in der Gemeinschaft mit dem Herrn und seiner Gemeinde (vgl. 2. Kor 9, 10; 10, 15; Eph 2, 21; 4, 15.16; Kol 1, 10; 2, 19; 2. Thess 1, 3; 2. Petr 3, 18). Die zum Glauben Gekommenen sollen „zunehmen" in der „Liebe", in dem „Werk des Herrn" (vgl. 1. Kor 15, 58; 2. Thess. 1, 3; 1. Tim 4, 15). Sie sollen „völliger werden" (1. Thess 4, 1).

Nicht zuletzt muß es darum gehen in unserer Verkündigung, aber auch in Seelsorgegesprächen vom einzelnen zum einzelnen.

Philipp Jakob Spener, der Gründer des Pietismus (1635-1705), sah im Pietismus nicht zuletzt eine Seelsorgebewegung: Die einzelnen Glieder der Gemeinschaftskreise sollten in ihren Gesprächen zu einem regen geistlichen Austausch kommen mit dem Ziel, als an Jesus Glaubende völliger zu werden in dem, was sie sind und was sie tun. Dabei ist das Sein und das Tun eines Christen nicht im Vollsinn zu unterscheiden und voneinander abzugrenzen.

Es geht hier um Seelsorge mit dem Ziel des Wachstums im Glauben und mit dem Ziel des rechten Glaubensgehorsams in bestimmten Situationen.

I. Seelsorge mit dem Ziel des Wachstums im Glauben

Es geht hierbei um ein Gestaltetwerden in das *Bild* und *Wesen Jesu,* je länger, je mehr (Gal 4, 19), in das Bild dessen, auf dem das uneingeschränkte Wohlgefallen des Vaters ruht (Mt 3, 17). Es geht darum, daß im Glaubenden das Wesen Jesu immer mehr zur Ausgestaltung kommt. Das muß und kann eines der wichtigsten Ziele unserer Seelsorgearbeit sein.

1. Wenn wir betend auf *Gottes Wort* hören, empfangen wir darüber *Gottes Geist* (Joh 6, 63; Apg 10, 33.44). Anders ausgedrückt: Wenn wir offen sind für Jesus, ihm in unserem Leben Raum geben, ihm die Herrschaft über unser Leben anvertrauen, dann zieht er als der Heilige Geist in uns ein, macht Wohnung in uns und richtet in uns seinen Thron auf (Joh 7, 39; 14, 23; Röm 8, 14; 2. Kor 3, 17; Gal. 2, 20). Wir werden dann „völliger“, „voll des Geistes“, wenn wir Lebensbereich um Lebensbereich in uns unter die Herrschaft unseres Herrn stellen. Wenn wir zum Glauben gekommen sind und darüber den Heiligen Geist empfangen haben (Eph 1, 13), geht es in der Folge nicht so sehr darum, daß wir nun noch mehr vom Heiligen Geist bekommen, sondern daß der Heilige Geist mehr und mehr von uns bekommt, ja über unser ganzes Leben die Herrschaft erlangt. Das ist’s, was die Bibel *Heiligung* nennt, und unser Herr will uns „durch und durch“ heiligen, „Geist, Seele und Leib“ (1. Thess 5,

23.24). Dafür kann er auch einen Dienst der Seelsorge gebrauchen.

2. Zu dem allem ist als erstes unsere *Reinigung* nötig. Bei der Tempelreinigung hat Jesus Menschen für sein Ziel in seinen Dienst gestellt: „Tragt das von dannen!" (Joh 2, 16). Wir an Jesus Glaubende dürfen „ein Tempel des Heiligen Geistes" sein. Jesus möchte auch diesen Tempel reinigen. Dafür will er uns in Dienst stellen. „Tragt das von dannen!": die unreinen Bilder, durch die ein junger Mensch immer wieder seine Phantasie beschmutzt; den beleidigenden Brief und den Auszug aus dem benachteiligenden Erbteilungsvertrag, an denen sich immer wieder der Groll eines alten Menschen entzündet. „Tragt das von dannen!" Um derartiges wird es sich immer wieder in unserer Seelsorge handeln müssen, darum, daß ein an Jesus Glaubender doch nicht „nachträgt", sondern „wegträgt".

Solche Reinigung erfolgt nicht nur durch den Glaubenden selbst, sondern vor allem durch unseren Herrn, ja durch den großen Gott und Vater selbst, der der rechte „Weingärtner" ist (Joh 15, 1.2). Denn es „schießt" bei uns immer noch viel zuviel Eigenes „ins Kraut". Ja, es ist so, wie wenn bei einem veredelten Apfelbäumchen unter den Veredelungsstellen weiter kraftvolle wilde Triebe herauswachsen und der Baumgärtner diese unnachsichtig wegnimmt, um Saft und Kraft in die veredelten Zweige zu leiten. – Ein tüchtiger und aufstrebender junger Mann, ein Christ, kam an einem Abend zu einem alten Bruder gelaufen, bestürzt darüber, wie er sich an diesem Tag blamiert hatte. Die beiden betrachteten einige Bibelstellen miteinander. Es geschah echte Seelsorge. Schließlich konnte der Jüngere für diese Demütigung danken. Er sah auch da seinen Gott und Vater zurechthelfend am Werk. – Dem neuen Leben aus Gott muß Raum verschafft und dazu das alte Wesen in den Tod gegeben werden, selbst wenn's wehtut. Auch hier hat Gott „Weg' allerwegen".

3. Galater 5, 22.23 zeigt uns das Ergebnis solcher Reinigung: „Die *Frucht* aber des Geistes ist Liebe, Freude, Friede, Geduld, Freundlichkeit, Güte, Treue, Sanftmut, Keuschheit".

Es ist nicht ein Vielerlei. Es heißt nicht „Früchte", sondern „Frucht". Es ist das *eine* Jesuswesen, das hier in seiner Vielgestalt beschrieben wird, so wie das eine Sonnenlicht in die Regenbogenfarben aufgefächert werden kann. Darum geht es, daß Glaubende sich durch den Heiligen Geist in das Wesen Jesu gestalten lassen (Gal 4, 19), und Seelsorger dürfen dabei Handlangerdienste tun.

4. Unser Herr spricht: „Ich bin von Herzen demütig." *Demütig* war er vor allem gegenüber seinem himmlischen Vater. Willig beugte er sich unter seinen Willen: als der Vater ihn Mensch werden hieß; als er mit zwölf Jahren, von Führenden Israels in Jerusalem bewundert, doch wieder willig in die dörfliche Einfachheit von Nazareth zurückkehrte und seinen schlichten Eltern untertan war; als ihm der Versucher blendende Möglichkeiten vor Augen stellte (Mt 4, 1-11), aber Jesus bis zum letzten Blutstropfen und Atemzug auf dem Weg blieb, den der Vater ihm zeigte. Diese Willigkeit für Gottes Willen, diese Demut, auch vor Menschen, will unser Herr durch sein Wort und seinen Geist in den Seinen ebenso zur Ausgestaltung bringen.

Der achtzehnjährige Sohn, der schon recht klar den Weg der Nachfolge Jesu betreten hatte und der sich nun in einer Lehre befand, kam nach Dienstschluß zu seiner Mutter nach Hause, empört darüber, was man ihm da alles zumute. Die Mutter sprach – echt seelsorgerlich – in aller Ruhe mit ihm über Jesus, den zwölfjährigen und den dreißigjährigen, und der junge Christ merkte: Da ist wieder einmal mein altes Wesen mit mir durchgegangen. Ich aber will unter allen Umständen der Jesusart in mir voll Raum geben. So sah er nun die Dinge ganz anders.

5. Unter dem, was nach Galater 5, 22 Frucht des Geistes ist, nennt Paulus zuerst die *Liebe*. Es geht nicht um das, was die Leute heute so „Liebe" nennen, bis hin zu den Illustrierten und zur Kinoreklame. Gemeint ist die Liebe *Jesu:* Er versetzte sich in unsere Lage und wurde Mensch; und er tat darauf alles, was zur Hilfe für uns nötig war, bis hin zu seinem Opfertod am Kreuz. Diese Liebe soll und kann in der Kraft Jesu auch bei uns zur Ausgestaltung kommen.

Der japanische Christ Kagawa aus wohlhabender Familie lebte um Jesu willen in Hafenstädten unter den Menschen, die den „Bodensatz" seines Volkes bildeten, um sie ganz verstehen und ihnen wahrhaft helfen zu können, äußerlich und innerlich. So wollen auch wir uns in Liebe darum bemühen, daß wir uns in die Lage anderer versetzen oder uns mindestens in ihre Lage hineindenken, um so auch seelsorgerlich das Nötige für sie tun zu können.

II. Der Glaubensgehorsam in bestimmten Situationen

Es geht hier nicht nur um unser Sein, sondern entsprechend auch um unser praktisches Tun, nicht nur um unsere innere Haltung, die die Grundvoraussetzung dafür ist, sondern ebenso um unser äußeres Verhalten.

1. Vieles ergibt sich hier einfach aus *Gottes Wort*. Wenn wir Menschen sind, die recht in der Schrift leben, dann ist bei uns eine wesentliche Voraussetzung für einen Seelsorgedienst durchaus gegeben.

a) Ein gläubiger Geschäftsmann hatte große Schwierigkeiten mit seinem unguten Konkurrenten. Er war bereits beim Rechtsanwalt. Doch bevor dieser tätig werden sollte, ging er zu einem alten Mitchristen, rechtskundig und in vielfacher Hinsicht erfahren, trug ihm die Sache vor und sagte dann: „Ich bitte jetzt nicht um eine Rechtsauskunft. Die habe ich bereits von meinem Anwalt erhalten. Aber ich möchte fragen: Ist es nach der Bibel überhaupt richtig, daß ich gegen den Mann vorgehe, was ja nach dem menschlichen Recht durchaus möglich wäre." Der ältere Bruder schlug mit ihm 1. Mose 13 auf, die Geschichte von der Teilung zwischen Abraham und Lot. Zuvor heißt es: „Abraham rief den Namen des Herrn an... Abraham rief den Namen des Herrn aus." Dadurch keimte wohl anfangsweise ein Glaube auf unter den Knechten des Abraham und des Lot und den umgebenden Völkerschaften. Abraham wußte: Ich muß nicht grundsätzlich auf mein gutes Recht verzichten. Aber dieser aufkeimende Glaube hat Vorrang. Der durfte auf keinen Fall wieder zerstört werden, etwa unter dem Eindruck der Leute: „Händel und Streit haben wir selbst mehr als genug. Dazu hätten wir nicht auch noch den frommen Abraham gebraucht." „Die Frommen sind doch auch nicht anders. Sie haben zwar einige andere Gedanken im Kopf und Worte auf den Lippen, aber in den Alltagsdingen verhalten sie sich nicht anders als wir." Auch wußte Abraham: So weit her ist es mit meinem „guten" Recht gar nicht, wenn ich denke, wie ich gerade in neuerer Zeit vermehrt zu Besitz gekommen bin (1. Mose 12, 10-20). – Dieses Beispiel bewog den Geschäftsmann, doch noch einmal das Gespräch mit seinem Konkurrenten zu suchen und bei einem Vergleich auch Nachteile in Kauf zu nehmen. Er tat es letztlich in dem Gedanken: „Mir ist es viel wichtiger, einen Menschen zu gewinnen und ihm nicht wiederum Anstoß zu geben, als einen Prozeß zu gewinnen." Und er wurde gerade darüber gesegnet und auch für andere zum Segen so wie Abraham.

b) Eine Mutter merkte, daß sie mit einem sechsten Kind schwanger war. Ihr Arzt und auch die „Beratungsstelle" rieten ihr, sie solle sich doch „natürlich" das Kind nehmen lassen. Auch der Mann war dazu geneigt. Sie selber wollte die Sache aber doch noch vorher mit einer ebenfalls kinderreichen alten Christin in ihrer Nachbarschaft besprechen, auf die sie große Stücke hielt. Auf keinen Fall wollte sie ihre Familie, voran ihre anderen Kinder, mit einem Fluch beladen. Die alte Christin riet ihr anhand von Gottes Wort klar und eindeutig, und als die Mutter dann ihr Kind im Arm hielt und es sich sehr gut entwickelte, da war sie überaus dankbar.

2. Doch als Seelsorger begegnen wir häufig auch Menschen, die vor Entscheidungen stehen, bei denen man sich *nach den Geboten Gottes so oder so* verhalten könnte: Soll ein junger Mann, der neben seiner Berufsarbeit auf das beste und fruchtbarste in der

Jugendarbeit seiner Gemeinde tätig ist, noch den Beruf wechseln und Missionar in Übersee werden? Soll eine junge Frau, die mit Freuden in einer schwierigen Aufgabe der Diakonie tätig ist, der Bitte eines verwitweten Mannes mit drei Kindern folgen und in der Familie den Platz der Frau und Mutter einnehmen? Wo will Gott sie in den nächsten Jahren und Jahrzehnten hinstellen?

Wie erkennen wir die Führungen Gottes im Leben seiner Kinder? Das ist die Frage, vor der in solchem Zusammenhang Christen, die auf jeden Fall Gott gehorsam sein möchten, und insbesondere auch Seelsorger, die von anderen fragend angeblickt werden, immer wieder stehen. Was ist dazu von der Schrift her zu sagen?

a) Oft erfahren wir Gottes Willen unmittelbar durch sein Wort, das uns Wahrhaftigkeit, Reinheit, Versöhnlichkeit, Selbstlosigkeit und Liebe gebietet (Mi 6, 8).

b) Wenn beide vor uns liegenden Wege nach Gottes Wort recht sind, etwa bei der Wahl einer Lebensaufgabe, so kann uns im Gebetsumgang ein gewisses Organ, ein Empfinden dafür geschenkt werden, zu welchem Weg Gott ja sagt und zu welchem nicht. Dabei ist es wichtig, daß wir innerlich „auf Empfang", das heißt, im Gebetsumgang bleiben. Wir können etwa bei einem Gottes Willen nicht entsprechenden Weg sehr unruhig werden (vgl. Apg 16, 6.7).

c) Wenn wir trotz allem inneren Fragen und Beten keine Antwort erhalten, so gilt es, auf dem bisherigen Weg weiterzugehen, bzw. auf dem Weg, der uns allein offen bleibt, nachdem uns andere verwehrt wurden (vgl. Apg 16, 8). „Wird Jesus in der Seele still, so nimm du auch nichts vor" (Zinzendorf).

d) Gott kann uns einen Wink geben, um uns den Weg zu zeigen, ein Zeichen. Dieses kann auch ein

Bibelwort sein, dem wir begegnen und das in besonderer Weise in unsere Lage hinein redet. Es kann eine klar geöffnete Tür sein, während andere Türen und Möglichkeiten für uns verschlossen bleiben, oder auch die Tatsache, daß wir für bestimmte Aufgaben dringend gebraucht werden. Das Zeichen ist für sich allein nicht ausreichend; nötig ist, daß wir zugleich im Gebetsumgang ruhig und gewiß werden.

Wir wollen nicht vorschnell etwas als Zeichen von Gott deuten, vor allem dann nicht, wenn es unsere eigenen Wünsche und Neigungen bestätigen soll. „Geht's der Natur entgegen, so geht's gerad und fein" (G. Tersteegen).

Wichtig ist es, gegebenenfalls gleich zu gehorchen, weil uns sonst leicht wieder verblaßt und zweifelhaft wird, was uns zunächst durch Gott und seinen Geist sehr klar war (Apg 16, 10; vgl. 1. Mose 22, 3).

e) Was aber sollen wir tun, wenn wir keinerlei Signal Gottes sehen und doch uns entscheiden müssen? Das Leben erneut ganz Gott übergeben: „Herr, lenke du meine Gedanken und Überlegungen, meine klugen und meine törichten, so, daß dadurch dein guter, gnädiger und für mich und andere heilsamer Wille herauskommt." Und anschließend wollen wir getrost uns nach bestem Wissen und Gewissen entscheiden, so wie wir kurzsichtigen Menschen es eben vermögen. Wenn das echt geschieht, können wir in der Rückschau oft erkennen, daß durch unsere so getroffenen Entscheidungen Richtigeres geschah, auch wenn es kein leichter Weg war. In diesem Sinn wollen wir auch als Seelsorger für andere mitbeten, mit Ausschau halten, mitbedenken. Und möge über dem allem für die, die bei uns Rat suchen, das eine herauskommen: „Er führet mich auf rechter Straße um seines Namens willen" (Ps 23, 3).

Seelsorge an Wiederabgekommenen mit dem Ziel der Rückkehr zu Jesus und der Wiederanknüpfung bei Jesus im Glauben

Einer der redenden Brüder in einer Gemeinschaft machte einen Krankenbesuch bei einem älteren Gemeinschaftsglied. Der Kranke sagte, schwach in seinem Bett liegend, todernst: „Gott hält zur Zeit mit mir Sprechstunde. Ja, er geht mit mir ins Gericht. Ich habe nicht mehr in der früheren Weise die innere Freudigkeit. Bei mir stimmt etwas nicht mehr. Ich habe den Eindruck, daß ich von Gott abgefallen bin und er mich verworfen hat wie den König Saul." Durch die Worte und den Zustand des kranken Bruders ist der Besucher vor die Aufgabe der Seelsorge an dem Kranken gestellt:

I. Handelt es sich hier um eine Depression?

Ergibt sich aus behutsamen Rückfragen und dem weiteren Verlauf des Gesprächs, daß der Mann eigentlich im Glauben ist? Steht er jetzt in der Buße, das heißt, hat er sein Leben jetzt vor Gott offengelegt mit der Bitte im Vertrauen auf Jesu Opfer: „Gott, sei mir Sünder gnädig?" Möchte er jetzt Jesus gehören, ihm gehorchen und ihm Ehre machen? Ist es ihm ein Schmerz, daß sein Leben nicht so ist, wie es doch Gott zu Lieb und zu Lob sein sollte? Möchte er bei aller

Schwachheit und allem Zagen dennoch dem Herrn freie Hand in seinem Leben lassen? Dann ist er im Frieden mit Gott, auch wenn er's nicht fühlt. Dann ist er Gottes Kind. Dann wird er ewig selig. Wir sind ja jetzt im Nicht-Sehen und Doch-Glauben (Joh 20, 29; 2. Kor 5, 7), in der Nicht-Sinneswahrnehmung, im Nicht-Fühlen und Doch-Glauben. „Und wenn ich gar nichts fühle von deiner Macht, du bringst mich doch zum Ziele, auch durch die Nacht."

Viele Menschen geraten heute in Altersdepressionen, auch Christen, die lange treu und getrost in der Nachfolge unseres Herrn lebten und in seinem Dienst standen. Die Häufigkeit speziell der Altersdepressionen dürfte damit zusammenhängen, daß gerade die jetzt ältere Generation sehr viel erlebt und erlitten hat und daß die Menschen heute vielfach sehr viel älter werden als früher. So müssen viele sehr lang mit der Schwachheit des Alters leben.

Depressionen sind psychische Erkrankungen, und es ist eine Folge dieser Krankheit, daß ein an Jesus glaubender Mensch nicht mehr so freudig sein kann in seinem Glauben wie früher und daß auch sein Gebet nicht mehr so zuversichtlich ist wie früher. Gewiß, unser Herr tut immer wieder auf vertrauende Fürbitte hin Wunder der Heilung. Aber vieles an körperlicher und seelischer Erkrankung läßt unser Gott in seiner Weisheit bei seinen Kindern zu, wie sie ja auch noch sterben müssen, wenn unser Herr nicht zuvor kommt. Einem depressiven Mitchristen zu sagen: „Du mußt jetzt Gott fröhlich vertrauen und ihm von Herzen Lob und Dank bringen", erwartet von ihm etwas Unmögliches, ebenso wie wenn man einen jungen Mann mit frisch gebrochenem Bein dazu auffordern würde, an einem Hundertmeterlauf teilzunehmen.

In dieser Lage ist es wichtig, dem Kranken zu sagen: „Dein Glaubensstand, die Gnade unseres Herrn, deine Gotteskindschaft und die Gewißheit des ewigen Lebens ist durch deine Depression, die eine Krankheit ist, auf keine Weise in Frage gestellt. Der Herr ist dir gut und ist bei dir, und wir umgeben dich mit unserer Fürbitte." (Vgl. den Abschnitt: „Seelsorge an psychisch Kranken, insbesondere Depressiven".)

II. Oder liegt wirklich ein Wiederabkommen von Jesus vor, also Schuld, und welcher Art ist sie?

Als Seelsorger müssen wir uns darüber klar zu werden versuchen, um in der rechten Weise Anleitung geben zu können. Es kann sich etwa um Folgendes handeln:

1. Dem Menschen ist das Wunder der Gnade Gottes in Jesus Christus altgewohnt und selbstverständlich geworden. Das war nach den Sendschreiben der Fehler der Gemeinde in Ephesus. Sie verließ die „erste Liebe" (Offb 2, 4). In der Anfangszeit war es den Christen aus der verrufenen Hafenstadt das größte Wunder, daß Gottes Gnade gerade sie zu dem eingeborenen Sohn Gottes berief, sie erwählte und sie so zu Kindern Gottes machte. Aber die Freude, der Dank und die Liebe zum Herrn entschwanden mit der Zeit. Es ist ja auch nicht leicht, einen großen Eindruck über lange Zeit hin unvermindert frisch und lebendig zu erhalten.

2. Menschen distanzieren sich wieder von Jesus, gehen irgendwie auf Abstand von ihm. Darüber kühlt sich die Liebe zu ihm und von ihm her zu den andern

Menschen mehr und mehr ab. Das war es, was der Herr bei der Gemeinde von Laodizea beanstandete (Offb 3, 14ff.). Sie war lau geworden. Eine Speise wird lau, wenn man sie vom Feuer nimmt. Schon das Alte Testament sagt: „Es ist gefährlich wohnen bei der heiligen Glut." Der natürliche Mensch ist immer geneigt, nicht so nah mit dem gekreuzigten, auferstandenen und gegenwärtigen Herrn, mit dem heiligen Gott zusammenzuleben, sondern lieber etwas auf Distanz zu gehen. Die Treue im Bibellesen, im Gebetsumgang, im Hören auf das Wort in der Gemeinschaftsstunde und im Gottesdienst läßt mehr und mehr nach. In der Morgenfrühe stürzt man sich gleich in die drängende Arbeit, ohne sich vorher Zeit für Gottes Wort und für das Gebet, einschließlich der in unseren Tagen so wichtigen Fürbitte, zu nehmen. Man greift statt zur Bibel gleich zur Zeitung. Auch der Gebetsumgang auf dem Weg durch die Tage wird mehr und mehr vergessen. So ist ein Christenleben „lau" und darum dem Herrn zuwider.

3. Ein Christ gibt Gottwidrigem in seinem Leben Raum. Jakobus sagt, daß ein Mensch abkomme und schließlich verlorengehe, „wenn er von seiner eigenen Lust gereizt und gelockt" werde (Jak 1, 14). Hier sind in der Ursprache Fachausdrücke der Angler gebraucht, die die Fische „ködern". Da wird solch einem armen Fischlein ein Leckerbissen vor die Augen gehalten. Schließlich schnappt es zu, und mit dem Leckerbissen hat es den Angelhaken im Maul. Endlich holt der Angler den Fisch aus seinem Lebenselement, dem Wasser, heraus in den sicheren Tod. So macht es der Feind in seiner Arglist. Er hält uns Dinge vor Augen, für die gerade wir anfällig sind,

denen gegenüber wir eine „schwache Seite" haben. Und wenn ein Mensch auf ihn hereingefallen ist und der betreffenden Sache in seinem Leben Raum gegeben hat, dann ist er an den Satan gebunden, und dieser holt ihn aus der Gemeinschaft mit Gott, mit Jesus Christus und seiner Gemeinde heraus, so daß er verlorengeht.

4. Eine besondere Gefahr besteht darin, daß Menschen zu Welt, Sünde und Satan überlaufen, sich ihnen anpassen und nicht mehr echt den Rückweg finden. Im Sendschreiben an die Gemeinde in Pergamon wird von denen gesagt, die „an der Lehre Bileams halten, der den Balak lehrte, die Kinder Israel zu verführen, daß sie Götzenopfer aßen und Unzucht trieben" (Offb 2, 14). Bileam konnte mit allen seinen Künsten Gott nicht von seinem Volk trennen. Da schlug er vor, das doch einmal „andersherum" zu versuchen, nämlich das Volk von seinem Gott zu trennen, und die Israeliten mit dieser Zielsetzung zu einem „schönen Fest" einzuladen, das doch ein kanaanitisches Götzenfest voller Unzucht war. Viele fielen darauf herein und wollten von dem lebendigen Gott und dem Ernst seiner Gebote einmal Urlaub nehmen. Die meisten kamen aus diesem „Urlaub" nicht wieder zurück (4. Mose 22-25; 31, 16).

Solches überlaufen zum Feind und seinen menschlichen und dämonischen Helfershelfern ist insbesondere für die „letzte Zeit" angekündigt. Es geschieht auch so, daß der Mensch mit allerlei okkulten Machenschaften sich Hilfe, Wissen und Macht „übernatürlicher, übersinnlicher" Art zu beschaffen versucht. Der Feind wird ihm dafür im Sterben eine böse Rechnung präsentieren (vgl. 2. Thess 2, 3.9).

Das sind einige der in der Schrift genannten möglichen Irrwege, an die wir unter Umständen bei einem Seelsorgedienst denken müssen, wenn wir durch Gottes Gnade einem Menschen wieder zurechthelfen wollen.

III. Was zu tun ist und worauf wir hinzuwirken haben, wenn ein Mitchrist so vom Weg abgekommen ist

1. Wir müssen in diesem Fall überhaupt erst eine Aufgabe unseres Herrn erkennen und uns um ihre Erfüllung bemühen. „Wenn ein Mensch von einem Fehler übereilt wird, so helft ihm wieder zurecht mit sanftmütigem Geist“ (Gal 6, 1). „Wenn jemand unter euch abirren würde von der Wahrheit und jemand bekehrte ihn, der soll wissen: wer den Sünder bekehrt hat von seinem Irrweg, der wird seine Seele vom Tod erretten.“ Es geht also hier ums Leben, ums ewige Leben (Jak 5, 19.20). Es soll bei uns nicht heißen: „Ein jeder sah auf seinen Weg“ (Jes 53, 6). Und unser Herr soll uns einmal nicht fragen müssen: „Wo ist dein Bruder Abel?“ (1. Mose 4, 9).

2. Es ist nötig, den Irrenden wieder zur *Buße* zu führen, so wie auch der Gemeinde in Ephesus gesagt wurde, daß sie neu Buße tun solle (Offb 2, 5). Das schließt ein, daß Sünde, auch die des „Verlassens der ersten Liebe“, vor Gott erkannt und bekannt wird und daß in Demut, Ernst und Vertrauen um Jesu Opfer willen um *Vergebung gebeten* wird. Bei mancher an sich guten Verkündigung vor fernstehenden, insbesondere jungen Menschen, kommt das heute viel zu kurz. Wir dürfen nicht einfach über die Sünde hinweg-

gehen, gerade auch der neueren Zeit. Sie muß vielmehr ganz ausgeräumt werden, wenn wir zu Gott heimkehren und seine Gnade empfangen wollen. J. Chr. Blumhardt sagte: „Bei mancher Christen Leben ist mir's nicht wohl; es ist etwas übersprungen worden, was nicht übersprungen werden darf: echte Buße!"

3. Unser Herr macht es den Menschen, auch den Wiederabgekommenen, überaus leicht, erneut mit ihm in die sie allein rettende Lebensgemeinschaft zu gelangen. Dementsprechend muß und darf unser Seelsorgegespräch sein. Unser Herr spricht im Sendschreiben an die Gemeinde zu Laodizea zunächst sehr ernst. Dann aber redet er wunderbar werbend und liebevoll mit ihr: „Siehe, ich stehe vor der Tür und klopfe an..." (Offb 3, 20). Der Abgeirrte muß nicht den Herrn erst suchen; dieser sucht ihn auf. Nicht wir müssen bei ihm neu anknüpfen; er knüpft bei uns wieder an. Alles gibt er umsonst – es ist ein „Einkauf" besonderer Art: die „Augensalbe", wie es in dem genannten Sendschreiben heißt, so daß wir uns und vor allem ihn neu erkennen, die „weißen Kleider", das Gewand der Gerechtigkeit Christi, und das „Gold" des sich bewährenden Glaubens (Offb 3, 18; vgl. 1. Petr 1, 7). Das alles kostet uns nichts (Jes 55, 1). Und zugleich kostet es uns ganz: „Gib mir, mein Sohn, dein Herz und laß deinen Augen meine Wege wohlgefallen" (Spr 23, 26).

4. Nötig ist die erneute, ausdrückliche, persönliche Übergabe des Lebens an den Herrn, einschließlich eines erneuten, evtl. vom Seelsorger vorgesprochenen und vom andern nachgesprochenen Übergabegebets (vgl. den Abschnitt „Seelsorge als Hilfe für

den Durchbruch zum Glauben und für die ersten Schritte im Glauben"). Die Dinge müssen klargestellt werden, auch gegenüber dem Feind. Es genügt also nicht, den Menschen, dem wir hier einen Dienst tun sollen, nur zu einem neuen „guten Vorsatz" zu führen; denn „der Weg zur Hölle ist mit guten Vorsätzen gepflastert". Nötig ist vielmehr, daß die allein Kraft und Bewahrung schenkende Gemeinschaft mit dem lebendigen Herrn neu begründet wird. Allein wenn wir wieder bei ihm und in seiner Hand sind, kann uns der Feind nichts mehr anhaben (Joh 10, 28.29; Röm 8, 38.39). Dann ist auch der Herr als Geist mit seiner Kraft wieder in uns (Joh 15, 4.5; 2. Kor 3, 17; Eph 1, 13). „Nirgends als bei dir allein kann ich recht bewahret sein."

5. Bei unserem Herrn gibt es keine hoffnungslosen Fälle. Er kann die „erste Liebe" wieder in einem Menschen entfachen. Besonders hilfreich ist dazu, daß wir immer besser erkennen, was Jesus in Gethsemane und auf Golgatha für uns getan hat. So haben die Väter gesagt: „Wenn wir für unseren Herrn brennend bleiben wollen, dann gilt es immer wieder das zu betrachten, was es ihn gekostet hat, uns ewig selig zu machen." So werden wir auch nie lau, und so wird auch das in uns aufkommende Gelüste zu neuer Sünde überwunden. Der Heiland, der große Arzt Jesus Christus, kann auch den „Angelhaken" des Feindes in uns, den wir mit irgendeiner versuchlichen Sache in uns aufgenommen haben, wieder entfernen, ja spurlos beseitigen. Er spricht: „Wen ich frei mache, der ist recht frei" (Joh 8, 36).

Ja, auch geistlich Tote kann er auferwecken. So wird im Sendschreiben an die Gemeinde in Sardes zunächst festgestellt, daß sie geistlich tot sei. Doch danach ruft sie der Herr: „Werde wach!“ (Offb 3, 1.2). Auch geistlich Tote haben also für seinen Weckruf Ohren; Jesus kann sie lebendig machen. Es ist genau so wie bei dem bereits verstorbenen und in Verwesung übergegangenen Lazarus, der dennoch für Jesu Weckruf Ohren hatte (Joh 11, 43.44). – Der Fürst des Lebens kann auch die Sorge eines Menschen zerstreuen, er habe die „Sünde wider den Heiligen Geist“ begangen. Ja, daß ein Mensch überhaupt diese Sorge verspürt und das Verlangen in ihm lebendig ist, Gott zu gefallen und durch Jesus Christus gerettet zu werden, ist bereits ein erstes Lebenszeichen, ein Hinweis darauf, daß Gottes lebenschaffender Geist in ihm wirkt.

6. Wichtig ist, daß der Seelsorger gleich auch Hilfen dafür nennt, daß nicht wieder die Weichen falsch gestellt und Irrwege beschritten werden: Nötig ist es vor allem, „in Christus“ zu bleiben. Der greise Apostel mahnt die Gemeinde: „Kinder, bleibet in ihm.“ Und unser Herr lädt ein: „Bleibt in mir!“ (Joh 15, 4; 1. Joh 2, 28). Das muß unsere tägliche Bitte sein, daß wir so in Christus bleiben: im Hören auf ihn in seinem Wort, allein und gemeinsam, und im Reden mit ihm, das heißt im steten Gebetsumgang auch bei der Arbeit und unter Menschen, in Dank und Liebe zum Herrn und in Bitte und Fürbitte. – Auch in der Gemeinschaft seiner Kinder gilt es zu bleiben (Hebr 10, 25). Lassen wir uns nicht unzufrieden machen. Die uns vielleicht sehr unfertig erscheinenden Menschen der gottesdienstlichen Versammlungen, unserer Gemeinschaftsstunden und unserer Kreiszusammenkünfte werden wie auch wir selbst von unserem Herrn mit Geduld getragen. Da ist es nicht mehr als billig, daß auch wir

sie so tragen und ertragen. – Und seien wir willig zu Dienst und Zeugnis und ebenso zu dem uns auferlegten Leiden, unserem Herrn zu Liebe und zu Gefallen. Das alles wird mithelfen, so in Christus zu bleiben und dadurch das Ziel zu erreichen.

Philipp Jakob Spener, der bereits erwähnte Gründer des Pietismus, hat die Gemeinschaften ins Leben gerufen nicht zuletzt eben zu diesem Zweck, daß hier Christen einander ermahnen, ermuntern und bestärken, durchzuhalten und in Jesus zu *bleiben*. Gerade auch in endzeitlicher Anfechtung ist dieser wechselseitige Dienst dringlich, und wir werden miteinander darauf angewiesen sein.

7. Und wenn einer sich nichts sagen läßt? Dann wollen wir ihn erst recht nicht schnellfertig laufen lassen, sondern ihn, wie Paulus es tat, „Tag und Nacht unter Tränen ermahnen“ (Apg 20,31). Wir wollen uns ihm zwar nicht aufdrängen, aber ihn dennoch nicht abschreiben, selbst dann nicht, wenn wir ihn nach dem, was Jesus über die Gemeindezucht sagt (Mt 18, 15-17), nicht mehr als Glied der Gemeinde betrachten können. Vielmehr wollen wir uns gerade dann von dem guten Hirten, der das Verlorene sucht – wovon unser Herr unmittelbar vor seinem Wort über die Gemeindezucht spricht (Mt 18, 12-14) –, zum geduldigen, liebevollen und beharrlichen Dienst mitnehmen lassen. Auch sollte der abweisende Bruder auf unserer Fürbitteliste bleiben, die wir täglich in die Hand nehmen. Ein alter, erfahrener Christ sagte: „Ich bin deutlich so geführt, daß ich im Blick auf keinen Menschen vor dem Teufel kapituliere. Das heißt, daß ich nicht das Gebet und die Hoffnung aufgebe, Jesus werde ihn doch noch dem Feind entreißen.“

Seelsorge an Kranken und Sterbenden

I. Grundsätzliches

1. Unser Herr Jesus Christus stuft den Krankenbesuch sehr hoch ein. Er spricht: „Ich bin krank gewesen, und ihr habt mich besucht... Was ihr getan habt einem von diesen meinen geringsten Brüdern, das habt ihr mir getan" (Mt 25, 36.40).

Bei den „geringsten Brüdern" geht es hier wie überall im Neuen Testament um Mitchristen. Die Gemeinde Jesu, die Schar der Glaubenden, ist eine Familie von Gotteskindern, in der dem Vater und dem großen Bruder Jesus Christus jedes Familienglied gleich wichtig und lieb ist. Ja, unser Herr sieht sich mit jedem von ihnen zusammen. Da soll uns nun auch jedes gleich lieb sein. Wenn nun ein Gemeindeglied nicht in die Gemeinde kommen kann, dann muß die Gemeinde zu ihm kommen und das bringen, auch an Dienst, was es innerlich und äußerlich nötig hat.

Eine vielbeschäftigte Bauersfrau aus der Gemeinschaft, Mutter einer großen Kinderschar, machte in Treue Krankenbesuche. Eine andere Frau fragte sie, warum sie sich denn dafür so viel Zeit nehme; zu solch einem Dienst seien doch andere viel freier. Sie antwortete: „Vor einigen Jahren habe ich als Neujahrslos das Wort Jesu erhalten: ‚Ich bin krank gewesen, und ihr habt mich nicht besucht' (Mt 25, 43). Vorher hatte ich kaum Kranke besucht, und nun merkte ich, daß mich mein Herr auf einen Mangel aufmerksam machte. Das will ich nicht wieder vergessen."

2. „Laßt uns Gutes tun an *jedermann...*" (Gal 6, 10). Unsere Krankenbesuche dürfen wir nicht auf unsere Mitchristen beschränken. Die Liebestat, auch der Krankenbesuch, ist Tatzeugnis und gehört zu unserem Gesamtzeugnis für Jesus (vgl. Gal 5, 6).

Im Rechtsleben unterscheidet man zwischen „Holschulden" und „Bringschulden". Im ersten Fall kann der Schuldner abwarten, bis der, dem die Leistung geschuldet wird, der Gläubiger, erscheint und sie abholt. Im andern Fall muß der Schuldner zu dem, dem die Leistung geschuldet wird, hingehen und das Geschuldete bringen. Das Evangelium ist für uns auf jeden Fall eine „Bringschuld". So sagt unser Herr im Missionsbefehl: „Gehet hin!" (Mt 28, 19; vgl. Röm 1, 14). Zu dem, was geschuldet wird, gehört insbesondere auch die Liebestat, nicht zuletzt der Krankenbesuch.

II. Einiges Äußere, was beachtet werden sollte

Es sind oft nur kleine, äußere Dinge, an denen sich entscheidet, ob ein Krankenbesuch als wirklich hilfreich empfunden wird oder nicht; auch ob der Patient für das offen ist, was der Besucher vom Evangelium her sagt. Deshalb ist hier einige Aufmerksamkeit geboten. Die Väter haben gesagt: „Der Heilige Geist hat Takt." – Und nun, als kleine Anregung, einige Punkte:

1. *Die Zeit des Besuchs:* In der Regel sollte man ihn nicht über Mittag oder erst am Abend machen. Am besten ist eine vorherige Terminvereinbarung, etwa telefonisch oder unterwegs mit den Angehörigen. Auch dann noch sollte man bei der Ankunft fragen, ob

es denn jetzt nicht ungeschickt sei. Der Kranke kann eben schwere Schmerzen oder eine Schmerzspritze erhalten haben und noch etwas ruhen sollen oder gerade schlafen. Er kann einen Arztbesuch oder einen anderen Besuch gehabt haben, der ihn anstrengte. Dann muß man eben einen neuen Besuchstermin vereinbaren!

2. *Dauer des Besuchs:* Einerseits dürfen wir nicht gleich wieder forteilen, ehe der Kranke recht Gelegenheit hatte, etwas mit uns zu besprechen. Der Eindruck: „Der nimmt sich ja nicht Zeit für mich", darf nicht entstehen. Andererseits können bei Schwerkranken Besuche in der Regel nur kurz sein. Auf jeden Fall sollte man fragen: „Strengt Sie's nicht an? Ich komme gegebenenfalls lieber ein andermal wieder vorbei." Der Kranke kann akute Schmerzen haben oder zu Stuhl müssen. Es kann auch nötig sein, am Lager eines einsamen Schwerkranken eine längere Zeit stillzusitzen und nur immer wieder ein kurzes Wort zu sagen.

3. *Allgemeine Gespräche* (vom geistlichen Gespräch steht in III.):

a) Vorher schon sollte man überlegen, was hier gesagt werden kann, und sich Weisheit erbitten.

b) Interesse zeigen für sein Ergehen und ihm entsprechend zuhören, freut den Kranken. Man sollte aber nichts aus ihm „herausfragen", auch nicht, was die Art der Krankheit betrifft.

c) Man kann etwas Nettes erzählen, was ihn interessiert und was er jetzt infolge seiner Krankheit nicht miterleben kann, auch aus Gemeinschaft und Gemeinde, etwa was da eben die Jugend veranstaltet hat. Der Kranke soll ja nicht nur an seine Krankheit denken.

d) Wenn möglich kann man dankbar etwas erwähnen von dem, was der Kranke in gesunden Tagen getan hat, etwa durch seine Mitarbeit in Gemeinde und Gemeinschaft, auch wenn es schon vor längerer Zeit geschehen ist.

e) Man sollte wenig oder nichts von der eigenen Arbeit und Vielgeschäftigkeit sagen. Das kann den Kranken bedrücken, wenn er jetzt nicht so tätig sein kann oder noch nie tätig sein konnte.

f) Ganz wichtig ist es, deutlich zu reden; viele Kranke hören nicht gut. Doch sollte man nicht lauter reden, als nötig ist; evtl. rückfragen.

g) Insbesondere bei Besuchen im Krankenhaus sollte man daran denken, daß andere vielleicht mithören. Das Gespräch darf für den Kranken nicht peinlich sein.

h) Man sollte nicht zuviel auf den Patienten einreden, vor allem keine belastenden Dinge erwähnen. Vielleicht kann man zwischenhinein fragen: „Strengt Sie's nicht an?"

4. *Was mitbringen?:*

a) Blumen, eine Flasche Saft (Rückfrage wegen Verträglichkeit). Von Frauen auch eine leichte, von ihnen bereitete Speise; nach Möglichkeit vorherige Rückfrage. Eine Flasche Wein nur, wenn nicht die Gefahr eines Mißbrauchs, auch durch andere, besteht.

b) Auf jeden Fall kann man eine schöne Spruchkarte, ein Blatt, ein Heft oder ein Büchlein mit einer klaren geistlichen Botschaft mitbringen. Es ist wichtig, sich von christlichen Buchhandlungen oder Schriftentischen einen kleinen Vorrat von derartigem zu besorgen und zu halten (evtl. kann man anregen, daß Büchertische eingerichtet werden). Vielleicht nimmt man mehrere Dinge zum Besuch mit, um dann im Lauf des Gesprächs zu entscheiden, was hier das richtige ist. Bei Krankenhausbesuchen sollte man auch die Mitpatienten im Zimmer begrüßen und ihnen eine kleine Schrift anbieten.

5. *Bereit sein, auch äußerlich für den Kranken etwas zu tun:*

a) Frauen können alleinstehende, bettlägerige kranke Frauen fragen, ob sie ihnen das Bett machen und das Zimmer und die Küche in Ordnung bringen dürfen. Nichts aufdrängen! Aber deutlich machen, daß etwas Derartiges gern getan wird.

b) Männer können fragen: „Darf ich Ihnen etwas besorgen, einkaufen oder bei der Post oder einer Behörde erledigen?“ Es soll doch niemand klagen müssen: „Ich habe keinen Menschen!“ (Joh 5, 7).

III. Zeugnis und Seelsorge für Kranke

1. Unser Herr Jesus Christus wollte die, die von ihm äußere Hilfe erfahren hatten, weiterführen zum Glauben, weil ihnen allein so ganz geholfen war (vgl. Joh 5 und 9). Entsprechend ist auch unsere Aufgabe; als Glaubende sind wir ja Dienstleute, Werkzeuge Jesu. Schon mancher ist durch eine Krankheitszeit innerlich weitergekommen. Dafür setzt unser Herr seine Leute ein. – Nur dürfen wir als Gesunde uns nicht überlegen vorkommen und meinen, nun hätten wir „ihn auf dem Kreuz“. Einmal würde das den Kranken verschließen, und zum andern haben wir die

Sanftmut, die Unaufdringlichkeit und Behutsamkeit unseres Herrn nötig, der sagt: „Siehe, ich stehe vor der Tür und klopfe an" (Mt 11, 29; Offb 3, 20). Unser Herr gebraucht nicht das Brecheisen, so dürfen auch wir es nicht gebrauchen, auch nicht ein psychologisches.

2. Wichtig ist, sich anteilnehmend nach dem Ergehen des Patienten zu erkundigen und zunächst einmal zuzuhören, evtl. auch höfliche, behutsame Rückfragen zu stellen! Wenn nun einiges ausgesprochen ist: um die Gesundheit, um den bevorstehenden Schritt ins Krankenhaus, um einen operativen Eingriff, Sorgen um die Familie oder wegen des Arbeitsplatzes, dann kann gefragt werden: „Darf ich dazu einige passende Worte, einige Verse lesen?" Es ist gut, die Bibel und ein geeignetes Liederbuch zu Krankenbesuchen mitzunehmen und schon während des Gesprächs zu überlegen: Was wäre hier richtig? Nicht zuviel, sondern langsam einige Kernworte lesen!

3. Sodann können wir fragen: „Darf ich das, was Sie mir nun gesagt haben, im Gebet vor Gott bringen?" Es ist nötig, irgendein kleines Zeichen dafür abzuwarten, daß der Kranke damit einverstanden ist. Wir können in jedem Fall *für* den Kranken beten, aber *mit* ihm zusammen nicht gegen seinen ausdrücklichen Willen. Nötig ist, bei dem Bericht des Kranken sehr genau hinzuhören und sich einzelne Punkte zu merken, damit sie nachher im Gebet genannt werden können. Mancher empfängt bei derartigem die Anregung, auch seinerseits sein Herz vor Gott auszuschütten, sei es schon vor den Ohren des Besuchers oder nachher allein.

4. Wovon wir dann weiterreden können – etwa:

a) „Wir dürfen Gott auch wegen unserer Gesundheit bitten. Aber er soll in allem entscheiden. Auch wir wollen wie Jesus sprechen: ‚Nicht mein, sondern dein Wille geschehe!' Wir dürfen Gott auch bitten, daß er die Mittel und die Bemühungen der Ärzte segne und gnädig gebrauche." Im Krankenhaus ist es wichtig, gleich auch für die Mitpatienten im Zimmer zu beten.

b) Hilfreich kann es für den Patienten sein, wenn wir nach dem Gebet oder beim Abschied noch zum Ausdruck bringen: „Ich will weiter für Sie beten!" Nur müssen wir dann auch unser Versprechen halten. Auch hier kann die Fürbitteliste, die wir führen, eine nötige Gedächtnisstütze sein.

c) Gott hat in Krankheitstagen Sprechstunde mit uns, damit wir ihn, sein Wort, die Ewigkeit nicht vergessen, das Eine, das not ist. Wir werden einmal am Ziel, in der Ewigkeit, im Blick auf Dinge danken, an die wir jetzt nicht denken. Wir dürfen uns dann auch in Bescheidenheit, je nach Lage, eine Bemerkung darüber erlauben, daß uns der Fernseher am Bett, die Illustrierten, alle möglichen Bücher, das Hobby nicht schon gleich wieder ganz besetzen sollten, so daß wir für Gottes Stimme keinen Raum finden.

5. Erforderlich ist es auch, auf Fragen einzugehen, die der Kranke stellt. Erfahrungsgemäß kommen immer wieder folgende Fragen:

a) „Ist denn das nicht alles so schrecklich sinnlos, daß ich nun als Mutter, als Mann in der Berufsarbeit so daliegen muß und an der Erfüllung meiner Pflichten gehindert bin?" – Da kann es hilfreich sein zu betonen: „Was Gott Ihnen jetzt geben will, kann sich einmal in der Rückschau, nach einigen Jahren, unendlich viel wichtiger erweisen als einige Wochen Arbeit. Das ist sein hohes Ziel: ‚Ich habe euch zu mir gebracht‘ (2. Mose 19, 4). ‚Bald mit Lieben, bald mit Leiden kamst du, Herr, mein Gott, zu mir, nur mein Herze zu bereiten, ganz sich zu ergeben dir.‘“ Vielleicht ist bei diesem oder einem späteren Besuch – wir sollten auf keinen Fall zuviel auf einmal sagen – Gelegenheit, ein wenig zu zeigen, was nach der Bibel der Sinn der Schicksale ist: Gott will von dem Bösen lösen (Jakob), vor dem Bösen bewahren (Paulus, 2. Kor 12, 7) und das vorhandene Gute bewähren (Hiob).

b) Immer wieder wird von Kranken geklagt: „Nun muß ich büßen, was ich getan habe! Gott hört wegen der Schuld meines Lebens gar nicht hin, wenn ich bete.“ Da dürfen wir vom Evangelium her ausrichten: „Wenn wir Gott um des Opfers Jesu willen um Vergebung unserer Schuld bitten, müssen wir sie nicht mehr büßen; unser Herr hat an unserer Statt gebüßt. Wir können nun auch beten, denn die zwischen Gott und uns stehende Schuld ist auf unsere Bitte hin durch Jesu Opfer ausgeräumt, vergeben. Gott denkt nicht an unsere Schuld, da brauchen auch wir nicht mehr dran zu denken (Jer 31, 34). Was wir nun noch an Unannehmlichkeiten tragen, sind keine nach rückwärts gewandten Strafen, nicht mehr eine Sache mit negativen Vorzeichen, sondern, nach vorwärts gerichtet, Erziehung, Bewährung; alles Derartige hat nun positive Vorzeichen.“

c) Weiter wird gesagt: „Meine Gebete werden nicht erhört. Vielleicht bete ich gar nicht richtig. Wie ist denn unser Beten in Ordnung?“ Nötig ist, daß wir zu Beginn unseres Gebets unseren Herrn um Vergebung bitten, damit unsere Schuld nicht unsere Gebete verhindert (Jes 59, 2). Wir müssen unser Leben unserem

Herrn übergeben, unsere Sorgen *und* unser ganzes Leben ihm *zugleich* in die Hände legen. Denn unser Herr sagt nur seinen Jüngern, die in seine Nachfolge eingetreten sind: „Bittet, so wird euch gegeben“ (Lk 11, 9). Wir sollen in unsern Gott alles Vertrauen setzen (vgl. Jak 1, 6-8), Gott aber den Entscheid überlassen, wann und wie er unsere Bitten erhört (vgl. Mt 26, 39). Alle rechten Gebete werden erhört; aber Gott erhört sie oft auf eine andere Weise und zu einer anderen Zeit, als wir das denken, und auf jeden Fall, in seiner Vaterweisheit, richtiger, als wir das wissen können.

IV. Einige weitere Fragen

1. *Besuche bei Dauerkranken:*

a) Die jahrelang krank Liegenden fühlen sich oft verlassen. Da ist es hilfreich, wenn wir uns ihnen so zuwenden, wie unser Herr sich dem 38 Jahre lang Kranken zuwandte (Joh 5). In unserem Lebenskreis, insbesondere auch in unserer Gemeinschaft und Gemeinde soll sich niemand verlassen fühlen. Eine besondere Ausdauer und Treue ist nötig, wenn derartige Leute, die nirgends mehr dabei sind, nicht praktisch vergessen werden sollen.

b) Es kann für uns und für die Dauerkranken eine große Hilfe sein, wenn wir sie um Fürbitte für unsere Aufgaben bitten, etwa: „Wir haben im nächsten Herbst eine Evangelisation vor. Wir wollen gern den Dienst des Josua im Tal tun. Aber tun Sie bitte den Dienst des Mose auf dem Berg! Bei Mose, nicht bei Josua fielen die Entscheidungen, das heißt, bei dem, zu dem Mose die Hände erhob“ (2. Mose 17, 8-13).

c) Dauerkranken, die im Glauben an unseren Herrn

Jesus Christus und in der Schrift leben, können wir auch sagen: „Die Gemeinde Jesu muß in der Nachfolge ihres Herrn wirken und leiden, ähnlich wie ihr Herr wirkte und litt, auch wenn unser Leiden nicht den Charakter und die Schwere hat wie das Leiden unseres Herrn. Dabei nimmt der Herr in seiner Weisheit eine Aufgabenteilung unter den verschiedenen Gliedern der Gemeinde vor: Die einen haben mehr den Auftrag, zu wirken, die andern mehr den, zu leiden (vgl. Kol 1, 24). Die Leidensnachfolge hat in den Augen unseres Herrn ein besonderes Gewicht und eine besondere Würde (Mt 16, 24; Apg 14, 22). Auch schicksalhafte Leiden werden zu ‚Leiden Christi', wenn sie im Sinn und Geist Jesu getragen werden: ‚Ja, Vater, ja von Herzensgrund, leg auf, dir will ich's tragen' (P. Gerhardt). Zur Zeit ist offenkundig das Leiden dein Auftrag. Um so mehr gilt für dich: ‚Dieser Zeit Leiden fallen nicht ins Gewicht gegenüber der Herrlichkeit, die an uns soll offenbart werden'" (Röm 8, 18).

2. *An kranken Mitchristen handeln im Sinne von Jakobus 5, 14.15:*

a) Es geht hier um einen Besuchsdienst besonderer Art: um gemeinsame Salbung und Segnung.

b) Die Initiative muß vom Kranken ausgehen: „...der rufe zu sich".

c) Die Besucher sind hier nicht Christen mit besonderen Geistesgaben, sondern einfach Älteste (wörtlich Ältere) der Gemeinde.

d) Es geht um mehr, als man vom Arzt erwartet: um Sündenvergebung, um die Gesamtbereinigung des Lebens. Daß sie nötig ist, wurde dem Kranken vielleicht gerade in seiner Krankheit bewußt. So ist er auch willig, seine Sünde zu bekennen, offenzulegen, damit sie für immer bedeckt, vergeben wird (vgl. auch Vers 20).

e) „Das Gebet des Glaubens wird dem Kranken helfen“, wörtlich: „wird ihn retten“. Im Urtext steht hier dasselbe Wort, das überall im Neuen Testament „ewig retten“, „selig machen“ bedeutet. Darum also geht es hier in erster Linie.

f) „Der Herr wird ihn aufrichten“, indem er ihn von seinem Lager aufrichtet und ihn wieder gesund macht, oder aber, indem er ihn innerlich so aufrichtet, daß er die Prüfung des Nicht-Sehens und Doch-Glaubens bestehen kann und ein überwinder wird (Joh 20, 29; 1. Kor 10, 13b; 2. Kor 5, 7; Offb 3, 21; 21, 7). Gott nimmt seinen Kindern nicht in jedem Fall alle Krankheitsnot ab, sonst wären sie nicht mehr in der Prüfung des Nicht-Sehens und Doch-Glaubens. Sie müssen sogar noch sterben, wenn der Herr nicht zuvor seine Gemeinde entrückt (1. Thess 4, 17). Gewiß, unser Herr hat unsere Krankheit getragen (Jes 53, 4); er ist sogar unseren Tod gestorben; aber „es ist noch nicht erschienen, was wir sein werden“ (1. Joh 3, 2; vgl. Kol 3, 3). Um so mehr strecken wir uns aus nach der großen Stunde, da unser Herr sich offenbart und er auch uns offenbart (Kol 3, 4), und nach dem herrlichen Ziel, an dem es heißt: „Der Tod wird nicht mehr sein, noch Leid, noch Geschrei, noch Schmerz wird mehr sein“ (Offb 21, 4).

3. *Seelsorge an Sterbenden*

a) Es ist sehr wichtig, Sterbende zu umgeben und zu begleiten und sie nicht allein liegen zu lassen. – Soll man dabei einem sagen, daß er sterben muß? Das ist nicht unser Auftrag; wir wissen's auch nicht immer sicher, ob es so rasch geschieht. Wir dürfen uns aber auch nicht an einer falschen Beruhigung beteiligen, so als sei er in einigen Wochen wieder gesund und könne in die Ferien fahren. Unser Auftrag ist es vielmehr, ihm Jesus zu bezeugen und von diesem her die Gnade Gottes anzubieten. Darum bemühen wir uns, daß der Schwerkranke diese Gnade ergreift und sein Leben in die Hand Jesu legt – wie immer Gott in seiner Weisheit den Weiterweg für ihn bestimmt: noch einmal Rückkehr in dieses Leben oder jetzt schon Heimkehr zu ihm. Es gilt, das im Gebet mit dem Schwerkranken auszusprechen.

b) Deutlich soll gesagt werden, daß sich unsere Hoffnung nicht auf unsere Guttaten gründet, sondern ausschließlich auf die Gnade Gottes in Jesus Christus. „Christi Blut und Gerechtigkeit, das ist mein Schmuck und Ehrenkleid, damit will ich vor Gott bestehn, wenn ich in' Himmel werd' eingehn." Darauf haben sich im Sterben die Väter verlassen, darauf können auch wir uns verlassen. „Erbarmung ist's und weiter nichts."

c) Eine Hilfe ist es für die Sterbenden, in die Stille hinein immer wieder ein kurzes Bibelwort zu sprechen, eine Liedzeile, kurze Gebetsworte, nach Möglichkeit längst bekannte Trostworte in die Bangigkeit vor dem Sterben hinein zu sagen: „Gott spricht: Ich bin bei dir und verlasse dich nicht." „Und ob ich schon wanderte im finstern Tal, fürchte ich kein Unglück, denn du bist bei mir." „Er kann auch durch des Todes Türen träumend führen und macht endlich frei." „Unser Herr spricht: Ich lebe, und ihr sollt auch leben." „Herr Jesus, dir leb' ich, dir leid' ich, dir sterb' ich. Dein bin ich tot und lebendig. Mach mich, o Jesus, ewig selig. Amen." Auch bei Bewußtlosigkeit des Sterbenden gilt es immer wieder den Namen Jesu anzurufen.

d) Wir können einem Sterbenden nach dem Gebet auch die Hand auflegen, etwa mit den Worten: „Der Herr segne dich und behüte dich. Der Herr lasse sein Angesicht leuchten über dir und sei dir gnädig…" „Er erfülle dich mit seinem Frieden, er berge dich in seiner Gnadengegenwart, er bedecke dich mit seinem Opferblut und zeichne dich als sein Eigentum mit seinem heiligen Jesusnamen." „Der Herr behüte und bewahre deinen Leib und deine Seele, deinen Ausgang aus dieser Welt und deinen Eingang in die Ewigkeit!"

e) Besonders auch bei solchen, die bisher nicht glaubten, ist es wichtig, Worte zu sagen, die die „Schächergnade" erbitten: „Gott, sei mir Sünder gnädig!" „Erbarm dich meiner, o Jesu! Gib mir deinen Frieden, o Jesu!" Vielleicht betet darüber der Sterbende auch selbst so und kann noch die Gnade ergreifen. –

Gerade angesichts des *Sterbens* von Menschen können wir alles nur in die Hand des Sünderheilandes legen: die Betreffenden selbst, die Angehörigen und ebenso uns.

Seelsorge an psychisch Kranken, insbesondere Depressiven

I. Beispiele

1. Ein junger Mann, feinfühlig und begabt, besuchte früh schon die Gemeinschaftsstunden. Er erschien eher still und in sich gekehrt als fröhlich und aufgeschlossen. Doch mehr und mehr wurde er seltsam, hatte wohl Wahnvorstellungen, meinte, er werde beobachtet, abgehört, verfolgt und sei schädlichen Strahlen ausgesetzt. Fast war es nun, als ob er ein anderer wäre. Seine Mutter redete voller Sorge darüber mit dem Gemeinschaftsleiter und äußerte, bei dem Onkel des jungen Mannes sei es ähnlich gewesen; er habe das Psychiatrische Landeskrankenhaus aufsuchen müssen.

2. Eine treue Christin, schon an die Sechzig, unverheiratet, hatte lange Zeit ungewöhnlich viel geleistet. Im Betrieb war sie Chefsekretärin; da ging es sehr umtriebig zu; bei ihr liefen die Fäden zusammen; sie hatte viel zu koordinieren und glich aus, wo Spannungen entstanden. Auch arbeitete sie engagiert und einfallsreich unter den Mädchen der Gemeinde, bzw. der Gemeinschaft, mit. Nicht zuletzt ging sie älteren Menschen zur Hand, für die sie dies und das an Schriftlichem erledigte. Nun aber konnte sie nicht mehr so freudig sein wie früher. Auch das Gebet floß nicht mehr wie einst. Hörte Gott überhaupt noch hin, wenn sie mühsam einige Worte stammelte? War er ihr nun

nicht fern? Besonders schlimm war das Erwachen am Morgen. Beklemmung und schwerer Druck auf der Brust machten, daß sie kaum recht Atem schöpfen konnte und nur mit größter Mühe aufstand, um sich zu richten. Den schönsten Sonnentag und die herrlichsten Blumen sah sie nur wie durch einen grauen, düsteren Schleier. Kaum brachte sie die Arme hoch. Sie ging in den Tag hinein wie mit hinabgebundenen Flügeln. Eine ältere Schwester aus der Gemeinschaft, die gehört hatte, daß sie seit einigen Tagen im Betrieb krank gemeldet war, besuchte sie. Dieser sagte sie nun als erstem Menschen von ihrem schrecklichen Zustand. Schon früher habe sie bei beruflicher Überanstrengung gelegentlich in der Nacht Angstzustände bekommen. Das sei aber immer wieder rasch vorübergegangen. Nun aber sei es so schwer und so lang wie noch nie.

II. Es geht um Krankheiten

Der Gemeinschaftsleiter und die ältere Mitschwester in den beiden Beispielen waren durch das, was ihnen hier begegnete, zur Seelsorge gerufen, und es war dabei sehr wichtig, den Zustand der Betreffenden richtig zu sehen.

1. Bei dem Zustand des jungen Mannes konnte es sich um einen Anflug oder gar den Anfang einer psychischen, das heißt seelischen oder geistigen Erkrankung handeln. Das konnte auch anlagebedingt sein. Wichtig ist es, festzuhalten, daß das eine Krankheit ist mit ihren Symptomen, genauso wie zu einer Grippeerkrankung Müdigkeit, Kopfweh und Fieber gehören.

Deshalb wäre es ganz falsch, den jungen Mann mit seinen „törichten Gedanken“ zu tadeln. Wir tadeln ja auch keinen, weil er Fieber hat. Ein solcher Mensch ist vielmehr mit Liebe und Verständnis zu umgeben. Seine Ängste, auch wenn sie uns als „nur eingebildet“ erscheinen, sind für ihn real, wirklich.

In diesem Sinn sollte der Gemeinschaftsleiter, der zunächst ja an der sorgenbeschwerten Mutter Seelsorge zu üben hatte, mit dieser reden. Es ist gut, ihr zu sagen, ein wie feiner Christ doch ihr Sohn schon seit langem sei. Das möge sie doch festhalten. Im Verhältnis zu seinem Herrn habe sich vor Gott durch die seelische Erkrankung ihres Sohnes nichts geändert, so wenig sich durch eine körperliche Krankheit daran etwas ändere. Dann sollte der Bruder mit der Mutter dafür beten, daß sie Mut und Kraft erhalte, diese schwere Sorge zu tragen und die ihr auferlegte Prüfung zu bestehen. Ebenso sollte er mit der Mutter für den Sohn beten, daß er doch durch diese belastete Zeit hindurchgetragen werde und er, wenn es dem Plan der Weisheit Gottes entspricht, bald wieder volle Genesung erlange; vor Gott ist ja kein Ding unmöglich, auch in solch einem Fall.

2. Und wie sollte die ältere Christin den Zustand der Kranken sehen, die sie besuchte? Auch hier handelte es sich um eine Erkrankung. Das sollte sie ihr unter Umständen auch sagen, etwa so: „Manche bekommen Herzkrankheiten, Magengeschwüre, Leberleiden oder Bandscheibenschäden. Mit Derartigem müssen wir, wenn wir älter werden, rechnen, insbesondere bei starker arbeitsmäßiger Belastung. Jeder hat irgendwo seine schwache Stelle, wo er anfällig ist. Bei dir ist es nun wohl auf diese Weise zu einer Art Erschöpfungs-

depression gekommen, so wie sie heute bei nicht wenigen auftritt." Das kann bewirken, daß der Frau ihr Zustand nicht mehr so schrecklich rätselvoll erscheint. Es handelt sich bei ihr ja um die typischen Symptome, die Merkmale einer Depressionserkrankung.

Es wäre falsch und eine Überforderung der Patientin, ja ihr gegenüber unbarmherzig, ihr jetzt zu sagen: „Kopf hoch! Du mußt halt glauben! Sing ein Lied zu Gottes Ehre, dann sind deine Depressionen weg!" Sie kann das alles in diesem Zustand nicht, so wenig einer mit frisch gebrochenem Arm einen Baum fällen oder Geige spielen kann, und was ein Mensch nicht kann, das verlangt Gott auch nicht von ihm.

Alles in allem: nervliche und geistige Erkrankungen sind nicht etwas grundsätzlich anderes als körperliche Erkrankungen. Wir dürfen nicht einmal dem Gedanken Raum geben und noch viel weniger aussprechen, am wenigsten vor dem Kranken selbst: „Es fehlt ihm doch eigentlich nichts. Das alles ist nur Einbildung." Denn diese Krankheit ist für den Kranken ebenso wirklich wie eine körperliche Erkrankung. Es ist wichtig, das auch den Angehörigen zu sagen. Hier kann zum Beispiel auch ein an sich rechtschaffener Ehegatte gegenüber dem andern sehr grausam und ungerecht sein. Wenn er einmal mit Blumen am Grab steht, ist es zu spät; jetzt dagegen kann sich Liebe, Anteilnahme, Verständnis, Geduld und Barmherzigkeit bewähren. Auch unter Christen gibt es hier manche Fehleinschätzung der wirklichen Lage.

III. Aber kann und darf denn ein gläubiger Christ überhaupt depressiv sein?

1. Es gibt heute Kreise, die lehren: „Wer recht glaubt, ist nicht krank, und wer krank ist, glaubt nicht recht." Das ist eine Irrlehre, die den heilsgeschichtlichen Ort, an dem wir uns jetzt noch befinden, nicht anerkennen will: Krankheit, Tod, Unfriede und alle Not der Welt hängen mit der menschlichen Sünde zusammen (1. Mose 3). Nun heilt Gott die, die ihn darum bitten, von diesem schweren Schaden in zwei Schritten:

a) In der Zeit des ersten Kommens Jesu, die heute noch währt, tut Gott den ersten Schritt zu unserer Heilung: Er heilt die verborgene Ursache des ganzen Elends; er vergibt uns unsere Sünde und schenkt uns wieder seine ungetrübte Gemeinschaft, seinen Heiligen Geist und die Gotteskindschaft.

b) Mit dem zweiten Kommen unseres Herrn und mit der Vollendung tut Gott den zweiten Schritt und hebt auch alle sichtbare Wirkung der menschlichen Sünde auf, so daß keine Krankheit, kein Sterben und kein Unfriede mehr sein wird (Offb 21, 4). – Gewiß, Gott schenkt uns auch schon jetzt, in der Zeit des ersten Kommens Jesu, wo und wann er will, Kostproben dessen, was er künftig tut, „Zeichen", die anzeigen, was er einmal ganz im Großen tun wird; er würde da wohl noch mehr tun, wenn wir ihm mehr zutrauten. Aber grundsätzlich leben wir jetzt noch in der Prüfung des Nicht-Sehens und Doch-Glaubens und wollen geduldig darin ausharren, wie Gott will, Krankheit, Not und Tod zur Ehre Gottes tragen und so auch „mit dem Leiden ihn preisen".

2. Auch in dieser Hinsicht gilt, daß zwischen körper-

lichen und seelischen Erkrankungen kein grundsätzlicher Unterschied ist. Deshalb müssen wir, solange es Gott auferlegt, auch solche Nöte tragen. Das schließt nicht aus, daß wir im Namen Jesu bitten: „Vater, wenn es nach dem Plan deiner Weisheit sein darf, dann nimm diese schwere Not, die du auferlegt hast, in Gnaden wieder ab." Und weil hier der Kranke, eben wegen seiner Krankheit, oft nicht so recht zu beten vermag, wollen wir als ihn umgebende und ihn in Liebe tragende Mitchristen es um so mehr für ihn tun.

IV. Die Frage dämonischer Einflüsse

Der Böse geht immer „umher wie ein brüllender Löwe und sucht, wen er verschlinge" (1. Petr 5, 8). Er geht so umher, wenn wir glücklich, frisch, fröhlich, erfolgreich und erhoben sind; dann will er sich das zunutze machen und uns zu Stolz, Sicherheit, Oberflächlichkeit und Leichtsinn verführen. Ebenfalls geht er so umher, wenn wir schwach, elend und leidend sind, körperlich oder seelisch oder beides, und will sich das zunutze machen. Dann ist es um so wichtiger, insbesondere wenn der Betreffende selbst zu schwach ist zu rechtem Gebet, daß wir den so Angefochtenen „umbeten", umringen mit unseren Gebeten. Ja, daß wir bitten, der Herr selbst möge ihn so umgeben im Sinne des Wortes: „Ich will eine feurige Mauer umher sein und mich herrlich darin erzeigen" (Sach 2, 9; vgl. Ps 139, 5). Am Ziel wird es ganz an den Tag kommen, was auch hier unser Herr getan hat und tut.

Depressionen für sich allein sind kein Zeichen dafür, daß bei einem Menschen unbereinigte und unvergebene Schuld vorliegt. In der Seelsorge ist immer zu fragen, ob denn der Betreffende bereits seine Schuld vor Gott offengelegt und ihn um Vergebung gebeten hat; da ist die Seelsorge an Depressiven kein Sonderfall.

Auch sind Depressionen und ebenso geistige Erkrankungen für sich allein auf keinen Fall bereits ein Anzeichen dafür, daß ein Mensch okkult verstrickt und von bösen Mächten besetzt ist. Gewiß, wir haben bei aller Seelsorge zu fragen, ob der, dem wir einen Dienst tun sollen, nicht irgendwann durch okkulte Machenschaften dunkle Mächte für sich in Anspruch nahm oder für sich in Anspruch nehmen ließ, oder daß auch andere solche „Hilfe“ für ihn in Anspruch nahmen. Hier ist es dann dringlich, diese ganze böse Sache mit der Bitte um Vergebung um des Opfers Jesu willen vor Gott zu bringen und dem Betreffenden zu einer Absage an den Feind und zu einer Übergabe an Jesus zu verhelfen. Aber auch hier ist die Seelsorge an Depressiven oder an geistig Erkrankten gegenüber anderer Seelsorge keineswegs etwas Besonderes.

V. Sollen wir einem an Jesus Glaubenden raten, im Fall von Depressionen und anderer psychischen Erkrankungen den Nervenarzt aufzusuchen?

Auch hier gilt, daß kein grundsätzlicher Unterschied zwischen einer körperlichen und einer psychischen Erkrankung besteht: Wie wir im Fall einer Blinddarmentzündung den Dienst eines menschlichen Arztes in Anspruch nehmen, so können wir das auch hier tun und sollten andern, die in dieser Weise erkrankt sind, raten, solch eine menschliche Hilfe für sich zu suchen. Dabei gilt auch hier wie bei aller menschlichen Hilfe:

Nicht Menschen sind's, die uns letztlich helfen können. Das kann allein der allmächtige Gott. Aber Gott gebraucht immer wieder zur Hilfe für uns andere Menschen, auch Ärzte. Darum wollen wir Medikamente, die sie verschreiben, einnehmen, indem wir zum Beispiel so mit unserem Herrn reden: „Wenn es sein darf, schenke mir Linderung und Genesung; allein du kannst das tun. Segne, wie du willst, dazu auch diese Mittel, ‚mir zur Kraft und dir zum Preise'."

Nicht unbedenklich kann der Dienst nicht an Jesus glaubender Nervenärzte sein, die durch Gespräche, die sie führen, heilen wollen. Durch derartiges wurden immer wieder Menschen, die vorher an Jesus glaubten und nach Gottes Geboten leben wollten, in eine andere Richtung gestellt. Heilungsversuche mit Arzneimitteln dagegen bringen in der Regel diese Gefahr nicht mit sich.

VI. Weiter die Frage, wie wir uns gegenüber psychisch Kranken, insbesondere Depressiven, als Seelsorger, als Besucher, als Ehegatte und sonstige Familienglieder richtig verhalten sollen?

1. Noch einmal sei gesagt: Wichtig ist es, dem Kranken seine Krankheit, den Zustand, wie er ihn empfindet und beschreibt, zu glauben. Ein Depressiver sagte: „Ich hatte Krebs und dabei große Beschwerden. Aber das alles war nicht so schlimm wie jetzt die Depression. Der Zustand jetzt ist noch beschwerlicher, und vor allem: als ich Krebs hatte, glaubte man mir, wenn ich von Beschwerden sagte. Jetzt glaubt man mir nicht."

2. Bei psychischen Erkrankungen sind wir als Familienglieder, Besucher oder Seelsorger oft schrecklich hilflos. Was wir können, ist aber in jedem Fall den Kranken mit Liebe, Verständnis, Anteilnahme und nimmermüder Geduld zu umgeben. Und gerade das ist für ihn eine große Hilfe.

3. Wichtig ist hier insbesondere, daß wir den Kranken mit treuer, anhaltender Fürbitte umgeben. Dabei ist es gut, nicht zu lang mit dem Patienten selbst zu beten. Sonst belastet ihn gerade als an Jesus Glaubenden der Gedanke: „Früher habe ich bei solchem Beten die Gegenwart und den Frieden Gottes gefühlt, jetzt empfinde ich nichts mehr." Es ist deshalb besser, dem Patienten einige wenige Bibelworte zu sagen, mit ihm kurz und herzlich zu beten und dann nur noch anzufügen: „Wir beten weiter für dich!" Auch eine längere Gebetsgemeinschaft wegen der Krankheitsnot eines Depressiven sollte in der Regel nicht in seiner Gegenwart stattfinden. Für einen psychisch Erkrankten, den wir uns aufgetragen sehen und der selbst zur Zeit nicht recht beten kann, sollten wir, auch über eine *längere* Zeit hin, Gott *täglich* bitten. Eine Fürbittenliste kann eine nötige Gedächtnisstütze sein.

4. Wir dürfen einem psychisch erkrankten Mitchristen versichern: „Der Herr versteht dich noch viel besser als irgendein Mensch. Er überfordert dich auch nicht (1. Kor 10, 13b). Die Liebe Gottes zu dir ist durch deinen Zustand nicht in Frage gestellt. Er ist dir gut, so wie Gott, der Vater, seinem Sohn Jesus Christus von Herzen gut war, als er in Gethsemane zitterte und zagte. Und auch du wirst es erfahren: Gott führt ins Dunkel *und* wieder heraus."

5. Nötig ist es, den Kranken reden zu lassen und dabei ganz Ohr zu sein mit der innerlichen Bitte: „Herr, laß es mich erkennen, wenn hier Dinge nach oben kommen, die den Kranken belasten, und hilf mir dabei, recht mitzuwirken, daß die Dinge wirklich bereinigt werden." Es kann sich um eigene Schuld und Versäumnisse des Betreffenden handeln, vielleicht auch gegenüber solchen, die nicht mehr leben. Es kann sich aber auch darum handeln, daß der Kranke irgendwann von andern schwer verletzt und enttäuscht wurde. Vielleicht sind es auch schmerzliche frühkindliche Erfahrungen, die ihn immer noch belasten, ja vergiften, weil sie nie recht herausgegeben wurden. Wegen der Schuld des Kranken selbst wollen wir mit ihm zusammen Gott um Vergebung bitten und dafür danken, daß das Blut Jesu Christi, des Sohnes Gottes, rein macht von *aller* Sünde (1. Joh 1, 7). Was anderer Menschen Schuld an dem Kranken betrifft, wollen wir im gemeinsamen Gebet dazu helfen, daß auch da die Dinge unserem Herrn herausgegeben, ausgehändigt und überlassen werden: „Ich vergesse, was dahinten ist, und strecke mich aus nach dem, was da vorne ist, nach dem Siegespreis der himmlischen Berufung Gottes in Jesus Christus, unserem Herrn" (Phil 3, 13.14). Wenn wir eine so wundervolle Hoffnung haben, dann brauchen wir uns doch nicht mehr mit armseligen, hinter uns liegenden Dingen abzuquälen; keine „bittere Wurzel" soll uns da noch vergiften.

6. Manche Christen fürchten in solch einer Lage, daß von Vorfahren her, im „dritten oder vierten Glied", noch ein Fluch auf ihnen laste (2. Mose 20, 5). Doch unser Herr hat auch diesen Fluch getragen; bei Chri-

sten, die an Jesus glauben, ist nichts mehr davon vorhanden (Gal 3, 13). Nicht wenige haben in ihren Depressionen auch die Sorge, sie könnten die „Sünde wider den Heiligen Geist", die „Sünde zum Tod" begangen haben (Mt 12, 31; 1. Joh 5, 16). Aber in einem Menschen, der sich nach der Gemeinschaft mit Gott sehnt, ist Gottes Geist am Werk; er ist nicht geistlich tot; dieses Sehnen ist ein „Lebenszeichen". Ein erfahrener Seelsorger sagte: „Ein Kind, das die Treppe hinuntergefallen ist und weint, ist nicht tot. Genauso wenig ist ein Mensch geistlich tot, der mit Schmerzen sich nach Gott und seiner Gemeinschaft sehnt."

7. Wir wollen nicht empfindlich sein, wenn ein psychisch Kranker und insbesondere ein Geisteskranker gegen uns beleidigende Worte gebraucht. Wenn ein Kind im Fiebertraum böse Worte ausspricht, ja sogar gegen die Mutter stößt, dann übergeht sie das und versucht, das Kind liebevoll zu beruhigen. So wollen wir uns auch hier verhalten.

8. Einen durch Selbstmordgedanken Gefährdeten gilt es in besonderem Maß mit Liebe, Geduld und Fürbitte zu umgeben, auch mit der Bitte um „Seiner heiligen Engel Wacht". Auch ärztliche Hilfe sollten wir notfalls veranlassen. Gewiß, wir dürfen uns nicht durch Selbstmorddrohungen irgendwie erpressen lassen. Aber nehmen wir auf keinen Fall vorschnell an, daß der Kranke das wolle. Meist haben wir es hier mit Menschen zu tun, die unsagbar leiden. In unserem Bemühen, auch sie in steter Liebe zu umgeben, soll es bei uns heißen: „Weil uns denn Barmherzigkeit widerfahren ist, werden wir nicht müde."

Seelsorge an okkult Belasteten

I. Die Aktualität

1. Okkulte, abergläubische Dinge treiben heute nicht nur „Hinterwäldler“, sondern auch Gebildete. Es zeigt sich die Wahrheit des Satzes: „Wo der Glaube zur Tür hinausgewiesen wird, steigt der Aberglaube zum Fenster herein.“ So geht heute geradezu eine „okkulte Welle“ über unser Volk, ja über das ganze Abendland hin. Gewiß hängt eine ausgesprochene Verschlossenheit für das Evangelium unter vielen heute auch damit zusammen. Denn die Offenheit für die dunklen Mächte verschließt den Menschen für Gott, sein Wort, sein Licht und seinen Geist.

2. Diese okkulte Welle in unserem Volk ist uns auch aus folgendem Grund ein Schmerz: Nach der neuen „Aufklärung“, dem neuen Rationalismus in den ersten Jahrzehnten nach dem letzten Krieg, währenddessen die vielen nur die sichtbare Wirklichkeit anerkennen wollten, sieht der Mensch nun deutlicher wieder seine Grenzen und in dem Zusammenhang auch, daß die sichtbare Wirklichkeit nicht alles ist. Aber er kehrt meist nicht zum Glauben an Gott zurück, nicht zu Jesus Christus, der während vieler Jahrhunderte, so hilfreich fürs Leben und Sterben, einladend auch in unserem Volk stand. Ihn läßt man heute stehen und wendet sich den Irrlichtern fremder Lehren und den trügerischen Hilfen okkulter Machenschaften zu (vgl. Jer 2, 13).

3. Es ist kennzeichnend für den natürlichen Menschen, daß er sich nicht dem lebendigen Gott gegenüber verpflichten will. Deshalb wendet er sich in seiner Ratlosigkeit, Angst und Not nicht im Gebet an Gott, sondern an die dunklen Mächte, bei denen er bleiben kann, wie er ist. Nicht Gott will er untertan sein, sondern sein eigener Herr bleiben, und er wird darüber doch entwürdigend zum Sklaven (Joh 8, 34).

4. In der Theologie wird heute mit dem Satan und seinem dämonischen Anhang weitgehend nicht gerechnet, nicht mit der Finsterniswelt, nicht mit der Kampffront zwischen Gott und Satan, die unsichtbar durch die Welt geht. Und das, obschon doch unser Herr Jesus Christus samt dem ganzen Neuen Testament so klar davon sagt und auch die Reformatoren damit rechneten. Das macht, daß viele mit einer gefährlichen Ahnungslosigkeit den Bereich okkulter Dinge und des Paktierens mit den dunklen Mächten betreten.

5. Gefährlich wirkt sich hier auch der heute allgemeine Trend zur Relativierung aus, so als ob alle recht hätten und niemand, so als ob alles wahr wäre und nichts, so als ob die Bibel und ostasiatische Selbsterlösungslehren für uns nebeneinander gleichen Rang hätten.

6. Dazu kommt, daß wir angesichts der deutlich hereindämmernden Endzeit nach den Ankündigungen der Schrift heute mit einem kräftigen Ansteigen der okkulten Welle zu rechnen haben (Mt 24, 24; 2. Thess 2, 9-12; Offb 13, 13.14).

7. So kommt es, alles in allem, heute zu einer auffallenden Steigerung des menschlichen Verlangens, geheimnisvoll und übermenschlich Wissen und Macht zu gewinnen, und so fällt der Mensch vielfach auf das herein, was ihm heute ein „Supermarkt“ von okkulten Angeboten naherückt: von der Flüsterpropaganda über die Illustrierten und Tageszeitungen bis hin zu den Fernsehprogrammen der öffentlich-rechtlichen Rundfunkanstalten. Der Mensch fällt herein auf die Köder, die ihm gerade auf diesem Gebiet der große feindselige Angler, der Satan, vor Augen hält.

II. Das okkulte Angebot ist heute von verwirrender Vielfalt

Der Spiritismus ist in unserem Volk zur großen Mode geworden. Eine Million Menschen seien, so sagte eine Untersuchung, in unserem Volk praktizierende Spiritisten. Durch „medial begabte“, ihrerseits okkult verstrickte Personen sprechen angeblich Verstorbene. Das geht bis in christliche Kreise herein, wo dann angeblich Gottesmänner der Vergangenheit herbeigeholt, gefragt werden und zu hören sind – und es ist doch alles nur ein Betrug des Teufels. Die Leute wollen mehr wissen, als wir nach Gottes Wort wissen können: über die Verhältnisse in der jenseitigen Welt, die Zukunftsereignisse und den Zeitpunkt der Wiederkunft Christi. Gerade weil es dem Jahr 2000 entgegengeht, ist zu befürchten, daß derartiges blüht. Dabei gibt sich das Ganze häufig als wissenschaftliches „parapsychologisches Experiment“ aus.

Nicht dürfen wir uns auch darüber hinwegtäuschen, daß, wer das Feld der Anthroposophie betritt, es mit einem andern „Gott“ zu tun hat als dem Vater unseres Herrn Jesus Christus. Mit einem andern „Christus“ als dem des Neuen Testaments, ebenso auch mit einem andern Bild des Menschen, insbesondere dessen, was ihm letztlich fehlt und was ihm allein hilft und ihn ewig rettet.

„Die Hauptsache, es hilft! Egal, woher die Hilfe kommt!“ So denken heute die vielen und greifen nach dem Pendel, dem Talisman und „Glücksbringer“. Sie lassen sich aus den Handlinien die Zukunft lesen. Sie „besprechen“ im Krankheitsfall Mensch und Tier. Sie befragen das Horoskop. Manche verschreiben sich in der Erwartung von Glück und Erfolg dem Satan und versammeln sich zu ausgesprochenen Satansdiensten, die ein gotteslästerliches Gegenbild zu den Gottesdiensten der Gemeinde Jesu darstellen. Das alles und anderes mehr führt zu okkulter Verstrickung der Menschen. Es ist ein Überlaufen zu dunklen, anonymen Mächten, zum Feind selbst. Von dort her erwartet der Mensch Hilfe, übermenschliches Wissen, übermächtige Kraft. Und er bindet sich damit an diese Geister, an den Satan selbst. Spätestens in der Todesstunde präsentieren diese Mächte eine schreckliche Rechnung und machen ihr Anrecht auf den Menschen geltend. Das Sterben solch okkult Verstrickter – das ist mancher Menschen Erfahrung – kann furchtbar sein.

III. Wie die Lage zwischen Gott durch Jesus Christus einerseits und dem Feind mit seinem dämonischen Anhang andererseits ist

1. Schon die ersten Menschen haben den Feind eingelassen, sich auf ihn eingestellt und ihm damit ein Anrecht auf sich selbst gegeben.

2. Gott hätte uns Menschen uns selbst und unserem Elend überlassen können; wir waren ja selbst schuld. Aber in seinem Erbarmen sandte er seinen ewigen Sohn den Menschen zur Hilfe, damit er „die Werke des Teufels zerstöre" (1. Joh 3, 8).

3. Mit dem menschgewordenen Gottessohn begann Gott die Menschheitsgeschichte neu; Jesus ist der neue „Adam", das heißt der neue „Mensch" (vgl. Röm 5, 12ff.). Gleich nach Beginn seiner Wirksamkeit unterzog sich auch unser Herr der Prüfung, in der der erste Adam durchgefallen war, und das unter sehr erschwerten Bedingungen (Mt 4, 1-11). Dabei blieb unser Herr ganz unter dem Willen seines himmlischen Vaters. So gewann der Feind kein Recht an ihm und keine Macht über ihn. Das hielt unser Herr durch bis Gethsemane und Golgatha, bis zum letzten Atemzug und Blutstropfen. So konnte er schließlich sagen: „Es ist vollbracht!" Sterbend hat unser Herr gesiegt und dem Feind sein Recht auf uns genommen.

4. Das bewirkt, daß der Feind nun im Himmel als der Verkläger gegen uns keinen Zugang mehr hat. Das bedeutet auch, daß er jetzt zwar noch auf der Erde ist und einen „großen Zorn" gegen uns hat; aber wenn wir uns in Jesus bergen, wagt er sich nicht an uns heran (Offb 12, 10-12; vgl. Röm 8, 38.39). „Satan flieht, wenn er dich am Kreuze", wenn er dich bei Jesus „sieht". Und schließlich bewirkt der Sieg Jesu von Golgatha, daß der Feind in den „Abgrund" verschlossen und später in das ewige Feuer gestürzt wird (Mt 25, 41; Offb 20, 1-3.10).

5. Wir werden vielleicht fragen, warum denn seit Kar-

freitag der Feind von unserem Herrn zwar entrechtet, aber noch immer nicht ganz entmachtet ist, warum ihm Gott noch immer Raum läßt. Es hängt damit zusammen, daß wir in eine echte Entscheidung und Bewährungsprobe gestellt und so in Kraft des Sieges Jesu in der Zeit des Nicht-Sehens und Doch-Glaubens zu „Überwindern“ werden sollen (Offb 2, 7.11.17.26; 3, 5.12.21; 21, 7). Um so mehr wollen wir uns jetzt unbeirrbar an unsern Herrn halten. Denn jeder wird einmal dem folgen, dem er jetzt folgt: Jesus oder dem Feind, in die Seligkeit oder in die Verdammnis.

6. Wir „glauben“ nicht an den Teufel, wie manche über uns spotten. Wir glauben allein an Jesus und seinen Sieg. Zwar rechnen wir mit dem Teufel; aber vor allem und weit mehr rechnen wir mit dem Sieg unseres Herrn über den Feind. Unser Herr sprach zwar kurz vor seinem Tod dreimal vom Feind als vom „Fürsten dieser Welt“; aber jedesmal in dem Sinn, daß der Satan kein Anrecht auf unseren Herrn gewinnt, sondern gerichtet und ausgestoßen wird (Joh 12, 31; 14, 30; 16, 11). Die Väter haben gesagt: „Bei Jesus sind wir auf Siegesboden.“

IV. Was tun, wenn wir im Blick auf uns selbst die Frage haben, ob bei uns, etwa von Vorfahren her, okkulte Bindungen vorhanden sind?

1. Auf jeden Fall wollen wir unseren Herrn auf Grund seines Opfers von Golgatha in tiefer Beugung und mit hohem Vertrauen im Blick auf das Vergangene um Vergebung bitten. Wir wollen für die Gegenwart und Zukunft dem Teufel ausdrücklich absagen und unser

Leben ganz und ohne Vorbehalt Jesus übergeben und unterstellen. Das heißt, wir wollen all das tun, was auch in dieser Hinsicht zu einer rechten Bekehrung gehört. Dann gilt das alttestamentliche Wort, nach dem die Sünden der Vorväter die Nachfahren noch „bis ins dritte und vierte Glied" belasten, nicht mehr gegen uns.

2. Wenn wir dieser Sache wegen nicht gleich ruhig werden, kann es, wie auch sonst, hilfreich sein, den Dienst eines Seelsorgers in Anspruch zu nehmen. Aber die Sorge ist in jedem Fall unbegründet, daß bei einer okkulten Verstrickung eine klare Bekehrung nicht genüge. Wo ein Leben mit der Bitte um Vergebung eindeutig Jesus unterstellt wird, hat der Feind keinen Raum mehr und kann nicht noch aus früheren okkulten Bindungen ein Anrecht gegen uns geltend machen, auch nicht aus Bindungen von Eltern und Voreltern her.

3. Manche werden beunruhigt und fürchten, daß noch verborgene Bindungen an den Feind vorliegen müßten, wenn sie den Frieden Gottes nicht fühlen, wenn sie keine geistliche Frucht ihrer Arbeit und Mühe sehen und wenn in ihrem eigenen Leben und in ihrer Familie sich Unglücksfälle häufen. Aber auch das alles ist kein Grund zur Unruhe. „Wir wandeln im Glauben und nicht im Schauen" (2. Kor 5, 7), auch nicht im Fühlen und überhaupt nicht in irgendeiner Sinneswahrnehmung. Das gilt auch für die Frucht unserer Arbeit; gegebenenfalls ist in blindem Vertrauen die Zusage Gottes festzuhalten: „Eure Arbeit ist nicht vergeblich in dem Herrn"(1. Kor 15, 58). Was aber die genannten Unglücksfälle betrifft, so brau-

chen wir nur an Hiob zu denken und daran, wie wunderbar sich Gott später in seiner Barmherzigkeit zu ihm bekannt hat (Hiob 42, 7-17; Jak 5, 11).

4. Wenn doch Jesus unser ein und alles ist und unser ganzes Leben ausfüllt, dann wollen wir dem Teufel nicht mehr die Ehre antun, daß wir voller Angst daran denken, er könnte immer noch bei uns seine Hand im Spiel und den Fuß in der Tür haben. Der Satan ist ein geschlagener Feind; er kann nur noch bluffen. Lassen wir uns deshalb von ihm nicht ängstigen!

V. Wie sollen wir angesichts möglicher okkulter Verstrickungen Seelsorge an andern üben?

1. Wann müssen wir mit der Möglichkeit okkulter Bindungen rechnen?

a) Wenn einer, etwa im Rahmen eines Seelsorgegesprächs, selber davon sagt, daß er okkulte Machenschaften getrieben hat oder sie durch andere an ihm geschehen sind oder daß in seinem Elternhaus derartiges üblich war.

b) Wenn einer in der Seelsorge bekennt, daß ihn Lästergedanken gegen Jesus, gegen Gott erfüllen, ohne daß er sich ihrer erwehren könne. Ein kurzes Auftauchen solcher Gedanken in einem Menschen jedoch ist noch kein Anlaß zu solcher Besorgnis; es können „Brandpfeile" sein, die der Satan von außen in das Leben eines Menschen hineinschießt (vgl. Eph 6, 16).

c) Es kommen sogar Lästerworte gegen Jesus, gegen Gott *über die Lippen* eines Menschen. Zwar kann es sich hier auch um eine Geisteskrankheit handeln, oder es kommt einfach Unverarbeitetes in einem Menschen nach oben; aber Lästerworte gegen den Herrn sind immer ein Hinweis darauf, daß der Feind Einfluß nimmt, denn die Lästerung gegen Gott ist kennzeichnend für satanisches Wesen.

2. Nötig ist auch hier vor allem das, was zu einer rechten, gründlichen Bekehrung gehört: Sündenbekenntnis und die Bitte um Vergebung. Das sollte über die Lippen dessen gehen, dem wir den Dienst tun, und nicht nur über die Lippen des Seelsorgers. Sei es nun, daß der andere das in eigenem freiem Gebet ausspricht, oder sei es, daß wir ihm nach unserem Gebet in Abschnitten ein entsprechendes kurzes Gebet vorsprechen, das er daraufhin nachspricht. Wichtig ist auch, daß die okkulten Machenschaften in der Vergangenheit als Sünde erkannt und vor Gott bekannt werden und daß im Blick auf sie ausdrücklich um Vergebung gebeten wird; nur der gute Vorsatz, Derartiges in Zukunft nicht mehr zu tun, reicht zur Bereinigung solcher Dinge nicht aus.

3. Nötig ist gerade auch in solch einem Seelsorgegespräch eine eindeutige Absage an den Feind; es muß ihm aufgekündigt werden. Ebenso ist die Zusage an unseren Herrn notwendig, die Übergabe des Lebens an ihn. Auch das sollte über die Lippen dessen kommen, dem wir den Dienst tun. Die Dinge müssen, wie gesagt, dem Feind gegenüber klargestellt werden. Und auch hier genügt grundsätzlich ein Übergabegebet, wie es der Betreffende vielleicht schon im Konfirmandenunterricht gelernt hat: „Ich sage ab dem Teufel und seinem Werk und Wesen und will hingegen Gott und meinem Herrn Jesus Christus gehören und

dienen mein Leben lang." Dabei kann es hilfreich sein, bei dem „Werk und Wesen" des Feindes noch eine bestimmte Sache zu nennen, der der Betreffende in besonderem Maß verfallen war, etwa die „Befragung der Toten" oder das „Horoskop" (5. Mose 18, 9-12; Jes 47, 13).

4. Für den Betreffenden kann es hilfreich sein, wenn er das in Zukunft täglich vor seinem Herrn ausspricht, etwa am Morgen auf den Knien, bevor er in den Tag eintritt: „Herr, der neue Tag ist dein, und ich möchte auch an diesem neuen Tag dein sein. Vergib um deines Opfers willen, was dir an meinem Leben wieder mißfallen hat. Und es soll dabei bleiben: Ich sage dem Teufel ab und seinem Werk und Wesen und will hingegen Gott und meinem Herrn Jesus gehören und dienen mein Leben lang." – Dieser Rat kann am Schluß des Seelsorgegesprächs u.a. als Anleitung für den Weiterweg mitgegeben werden.

VI. Bei der Seelsorge an okkult Belasteten kann es nötig werden, im Namen Jesu den Satan wegzuweisen und zu vertreiben

1. Das kann der Fall sein, wenn der, an dem wir Seelsorge zu üben haben, auch schon rein körperlich nicht imstande ist, den Namen „Jesus" in einem Übergabegebet auszusprechen, obschon er sonst redegewandt ist. Derartiges kommt erfahrungsgemäß bei einer besonders starken Verstrickung vor, etwa durch eine Verschreibung an den Satan oder wenn einer okkulte Machenschaften auch für andere betrieben und sie in die bösen Bindungen hineingezogen hat.

2. Für einen solchen seelsorgerlichen Dienst ist es besonders wichtig, daß wir als Seelsorger in diesem Augenblick selbst in einem völlig klaren Verhältnis zu unserem Herrn stehen: in der Beugung vor unserem Herrn mit der Bitte um Vergebung auch *unserer* eigenen Schuld und im Gehorsam gegenüber dem Willen Gottes, des Vaters. Wir müssen geborgen sein in unserem Herrn Jesus Christus und eingehüllt in seine Gerechtigkeit, gezeichnet durch das Blut und den Namen Jesu als sein Eigentum und stehend unter dem Schutz seiner heiligen Engel. – Das alles wollen wir, bevor wir zu einem solchen Dienst schreiten, ausdrücklich erbitten. Sonst könnte der Feind auch uns verspotten wie die Söhne des Skevas: „Jesus kenne ich wohl, und von Paulus weiß ich wohl; aber wer seid ihr?" (Apg 19, 15). Und auch wir würden, wie jene, schmählich zuschanden.

3. Ebenso ist es wichtig, vor einem solchen Dienst und anschließend wegen dieser Not und Aufgabe mit Beten und Fasten anzuhalten. Denn „diese Art fährt nicht aus als durch Beten und Fasten" (Mk 9, 29, alte Luther-Übersetzung).

4. Hilfreich ist es, ja unter Umständen sogar notwendig, angesichts dieser besonderen Aufgabe den Feind und seinen dämonischen Anhang von einem Menschen wegzuweisen, noch andere zur Seelsorge befähigte Brüder *hinzuzunehmen* – vorausgesetzt, daß der Betreffende selbst, bzw. seine Angehörigen damit einverstanden sind; dieses Einverständnis ist um des Seelsorgegeheimnisses willen nötig –. So hat zum Beispiel Johann Christoph Blumhardt bei seinem bekannten Kampf in Möttlingen die junge Frau, der er

einen solchen Dienst tun sollte, nie ohne Begleitung von im Glauben stehenden Brüdern aufgesucht.

5. Ein Vertreiben des Feindes im Namen Jesu mit direkter Anrede an den Teufel und die Dämonen muß ein Grenz- und Ausnahmefall bleiben. Es ist, wie die Erfahrung nicht weniger lehrt, nicht geistlich gesund, ja kann den Seelsorger selbst in die Gefahr okkulter Verstrickung bringen, wenn er zu viel mit dem Feind auf du und du redet. Gewiß, in Jesus geborgen, müssen wir den Feind nicht fürchten, aber wir wollen ihm auch nicht mit derartigem zuviel Ehre antun. Um so mehr aber wollen wir mit dem *Herrn* selbst reden und ihn nach der Zusage in Gottes Wort bitten, daß er „den Satan unter unsere Füße trete in Kürze" (Röm 16. 20).

6. Wann können wir überhaupt als Seelsorger im Blick auf einen Menschen den Dienst tun, im Namen Jesu den Satan und seinen dämonischen Anhang zu vertreiben?

a) Jesus hat diesen Dienst getan, wenn jemand selber Hilfe erbat, wenn die Angehörigen des Betreffenden ihn baten und auch wenn ein solcher Mensch, im Grund Hilfe suchend, Jesus nahe kam und sich die dunklen Mächte in ihm dabei durch ihn zu Wort meldeten (vgl. Mt 8, 28ff.; 12, 22; Mk 1, 23 u. a.).

b) So sind unter Umständen auch wir gerufen, im Namen und in der Kraft Jesu einen solchen Dienst zu tun, wenn einer uns als Seelsorger darum bittet oder wenn Angehörige uns darum bitten und die Lage entsprechend klar ist. Oder wenn jemand uns als Seelsorger mit der Erwartung einer Hilfe gegenübertritt oder wir an ihn als Seelsorger gewiesen sind und sich dabei eindeutig, etwa mit Lästerworten gegen Gott, gegen Jesus, aus dem Betreffenden böse Mächte zu Wort melden.

c) Unser Herr Jesus Christus hat nicht die bösen Geister aus Herodes vertrieben, der aus Jesus einen Spott machte, nicht aus den Kriegsknechten, die ihn echt satanisch höhnten und anspien, nicht aus seinen Gegnern, von denen er sagte, daß der Teufel ihr „Vater" sei (Joh 8, 44). Gottes Geist macht Menschen zu Gottes Kindern (Röm 8, 14), des Teufels Geist und seine Geister machen Menschen zu Kindern des Teufels. Hier jedoch handelte es sich nicht um eine seelsorgerlich geartete Begegnung, nicht um eine Erwartung der Hilfe von Jesus als dem Sohn Gottes. – So müssen, können und dürfen auch wir nicht bei jeder Art von Begegnung mit Menschen, die der Feind und die Dämonen regieren, im Auftrag unseres Herrn und in seiner Vollmacht den Satan und alle bösen Mächte vertreiben. Auch zum Beispiel ein gläubiger Nervenarzt kann solchen Menschen, die ihn eben als Arzt und nicht als Seelsorger aufgesucht haben, nicht ohne weiteres einen solchen Dienst tun. Es müßte zuvor ein irgendwie seelsorgerlich geartetes Verhältnis zu den betreffenden Menschen entstanden sein, das heißt, es müßte deutlich in den Gesprächen um das Verhältnis zu Gott gehen. Am klarsten ist es natürlich, wenn die Erwartung des Betreffenden sich auf eine seelsorgerliche Hilfe richtet oder er gar um sie bittet. Falls er selbst dazu nicht imstande ist, dürfte auch die Bitte seiner nächsten Angehörigen dazu ausreichen.

7. Bedenklich kann es auch sein, in Gegenwart dessen, dem wir einen Seelsorgedienst tun sollen, den dunklen Mächten laut im Namen Jesu zu befehlen. Es

kann für den Betreffenden sehr erschreckend sein, nun denken zu müssen: Satanische Mächte haben von mir Besitz ergriffen. Schlimm ist es insbesondere, wenn auf ein solches Wort des Wegweisens hin keine Veränderung im Zustand des Betreffenden eintritt. Doppelt bedenklich ist es dann, wenn wir nicht ganz gewiß sind, ob es sich wirklich um dämonische Einflüsse und nicht etwa um eine Geisteskrankheit handelt.

8. In diesem Zusammenhang stellt sich die Frage, ob wir nicht auch in Abwesenheit des Betreffenden dem Feind, bzw. den dämonischen Mächten, im Namen Jesu befehlen können. In der Geschichte von der kanaanäischen Frau, deren Tochter von Dämonen übel gequält wurde, sehen wir, wie Jesus mit seinem Machtwort in Abwesenheit der Tochter diese von den Dämonen befreite (Mt 15, 22-28). Daraus ergibt sich: es ist nicht ausgeschlossen, daß auch wir in Abwesenheit dessen, der uns von bösen Mächten besetzt erscheint, dem Feind und seinem dämonischen Anhang befehlen, im Namen Jesu zu weichen.

VII. In jedem Fall ist es recht, mit Flehen und Fasten Jesus zu bitten, daß er selbst die dunklen Mächte, die einen Menschen besetzt halten, vertreibt

Hilfreich kann es sein, unter Wahrung des Seelsorgegeheimnisses, gegebenenfalls ohne Namensnennung, einige verschwiegene, im Glauben gereifte, erfahrene Mitchristen um ihre Mithilfe im Gebet wegen einer solchen Not zu bitten. Denn unser Herr sagt: „Wenn zwei unter euch eins werden auf Erden, worum sie bitten wollen, so soll es ihnen widerfahren von meinem Vater im Himmel. Denn wo zwei oder drei versammelt sind in meinem Namen, da bin ich mitten unter ihnen" (Mt 18, 19.20). Jesus selbst tritt als der große Fürsprecher beim Vater für uns ein und läßt uns auch durch seinen Geist im Gebet vertreten (Röm 8, 26.34; vgl. 1. Joh 2, 1).

Unser Herr kann Menschen, die Befestigungen des Feindes sind, einnehmen, wie einst Josua mit seinen Leuten die trotzige Festung Jericho einnahm (Jos 6). Johann Christoph Blumhardt sagte nach dem langen Kampf in Möttlingen und dem schließlich offenbar werdenden Sieg Jesu: „Was wir an Jesus haben, das weiß ich nun erst recht." –

So wollen wir im Vertrauen auf unseren Herrn, aus Barmherzigkeit im Blick auf unsere Mitmenschen und um der Ehre Gottes willen, wo es nötig ist, uns gehorsam auch an den Seelsorgedienst für okkult Belastete wagen.

Seelsorge angesichts endzeitlicher Entwicklungen und der nahenden Wiederkunft Jesu

a) Vielerlei deutet heute darauf hin, daß wir uns auf dem letzten Wegstück der Gemeinde Jesu durch die Weltgeschichte befinden: Entwicklungen um Israel, der weltweite Zerbruch der Gebote und Ordnungen Gottes, die Zusammenballung der Mächte und anderes mehr. Es sind Entwicklungen im Gang, die in der Schrift längst schon für die letzte Zeit vor der Wiederkunft Jesu angekündigt sind und die deshalb für die Gemeinde Jesu den Charakter von Signalen des nahenden Zieles haben.

b) Auf dreierlei haben wir in der Endzeit vornehmlich zu achten: daß wir uns im Blick auf die uns in der Schrift angekündigten besonderen Gefahren der Endzeit vorsehen und auch andere davor warnen, damit sie und wir an unserem Herrn bleiben und so das Ziel erreichen; daß wir uns für die Wiederkunft unseres Herrn bereiten und dazu mithelfen, daß auch andere bereit werden; und daß wir wie unser Herr „von Herzen demütig" in „Geduld und Glauben" ausharren, bis er uns zu sich nimmt (Mt 11, 29; 1. Thess 4, 17; Offb 13, 10).

c) Darauf haben wir naturgemäß insbesondere in der Verkündigung hinzuwirken: in Gottesdienst, Gemeinschaftsstunde, Bibelstunde, Hauskreiszusammenkunft usw. Doch das muß nicht zuletzt auch im persönlichen Gespräch, in der *Seelsorge* geschehen mit dem Ziel, Menschen in die Gemeinschaft mit Jesus zu führen, sie geistlich gesund und in seiner

Nachfolge zu erhalten, sie vor Abfall und Irrweg zu bewahren und auch vor ungeduldigen Ausbrüchen aus dem Pfad, auf dem unser Herr mit den Seinen noch immer geht. Deshalb sei nun im Rahmen dieser Schrift auch von der Seelsorge angesichts endzeitlicher Entwicklungen, Gefahren und Aufgaben die Rede. Auf manche Gefahren und Aufgaben kann da, je nach Lage, überhaupt fast nur im persönlichen Gespräch aufmerksam gemacht und auch manche Anleitung nur so gegeben werden.

I. Die besonderen endzeitlichen Gefahren

1. Die Gesetzlosigkeit

Von ihr muß in diesem Zusammenhang noch einmal geredet werden:

a) Der Antichrist heißt 2. Thessalonicher 2, 3, wörtlich übersetzt, „der Mensch der Gesetzlosigkeit". Doch die Gesetzlosigkeit beschränkt sich keineswegs nur auf diesen einen Menschen. Denn unser Herr sagt: „Die Gesetzlosigkeit (so wörtlich) wird überhandnehmen" (Mt 24, 12).

b) Was meint das Wort „Gesetzlosigkeit" (griechisch „anomia")? Unser Gott und Vater hat in seiner liebevollen Fürsorge für seine Menschenkinder an ihren gefahrvollen Weg durch diese Welt sozusagen Leitplanken gebaut: in Gestalt seiner heiligen und allein heilsamen Gebote. Immer schon haben die Menschen, offen für die Einflüsterungen des Versuchers, diese Leitplanken „übertreten". Aber zur endzeitlichen Entwicklung in der Welt gehört, daß der Mensch in seiner Eigenmacht und seinem Aufruhr gegen Gott diese für ihn doch so hilfreichen Leitplanken nicht nur übertreten, sondern demontieren, abbrechen, abschaffen will. Das eben ist die „Gesetzlosigkeit", „anomia". Diese Tendenz, dieser Geist wird zum breiten Strom, nimmt überhand. Der eine, der Antichrist, ist dabei nur der Schaum, der die hochgehenden Wogen dieses Stromes krönt.

c) Nun ist für unsere Zeit heute kaum etwas so kennzeichnend, und zwar erdumspannend, wie der Wille der Menschen, Gottes Gebot und Ordnung zu zerbrechen. Solange solche Entwicklungen auf dem Erdball nur regional sind, ist noch nicht eigentlich Endzeit. Wenn sie aber universal werden, erdumspannend, dann werden sie deutlich zum Zeichen der nahenden Wiederkunft unseres Herrn (vgl. Offb 3, 10).

d) August Tholuk, im letzten Jahrhundert Theologieprofessor in Halle, sagte, es werde die Zeit kommen, in der auch Christen die biblische Freiheit vom Gesetz mit Gesetzlosigkeit verwechseln. Dann sei Endzeit. „Biblische Freiheit vom Gesetz" bedeutet, daß wir keine Vorbedingungen erfüllen müssen, bevor wir von Gott angenommen werden. Um es mit dem Gleichnis vom verlorenen Sohn in Lukas 15, 11ff. zu sagen: Der Heimkehrende fand nicht etwa an der verschlossenen Tür zum Vaterhaus ein Blatt vor mit Vorbedingungen seiner Wiederannahme: „Wenn du dein Geld wieder zusammen hast, kannst du heimkommen" usw. Der Vater öffnete ihm vielmehr die Tür, lief ihm entgegen und schenkte ihm seine ganze Liebe. „Wie du bist, so darfst du kommen." Den Vater beleidigende „Gesetzlosigkeit" wäre es dagegen gewesen, wenn der heimgekehrte Sohn nun nach dem Empfang der ganzen Liebe des Vaters im Vaterhaus und unter den Augen des Vaters hätte weiterleben wollen wie zuvor bei den Schweinen und Dirnen. Gott nimmt uns an, wie wir sind, aber er läßt uns nicht, wie wir sind.

e) Gerade angesichts des überhandnehmenden entsprechenden endzeitlichen Trends und Geistes in der Umwelt kann es immer wieder nötig werden, mit jungen und älteren Gliedern unserer Kreise, Gemeinschaften und Gemeinden ein *Seelsorgegespräch,* unter vier Augen, zu suchen mit dem Ziel, daß der andere sich warnen läßt und sich neu an Jesus hält.

f) Möglicherweise wird man uns dabei entgegenhalten, wir seien „gesetzlich". Dann, wenn wir zum Beispiel zu einem jungen Mann aus einem Jugendkreis, der mit einem jungen Mädchen zusammenzieht, oder zu einem verwitweten Rentner aus der Gemeinde, der eheähnlich mit einer ebenfalls verwitweten Frau zusammenlebt, sagen, sie möchten doch möglichst bald eine ordnungsmäßige Ehe schließen und sich bis dahin enthalten. Doch es handelt sich hier nicht um ein „Gesetz" im Verständnis der Pharisäer, vgl. Römer-und Galaterbrief, das angeblich erfüllt werden müßte, bevor der Mensch durch Gott angenommen wird. Vielmehr handelt es sich hier um den Glaubensgehorsam, den Gott von den durch ihn gnädig Angenommenen in der Folge erwartet (Röm 1, 5; 16, 26). Das klarzustellen muß gerade auch Inhalt der Seelsorge sein.

2. Die Gefahr des Überlaufens zum Antichrist

a) Der Antichrist, der Gegen-Christus, wörtlich der „Anstelle-Christus", ist die Gestalt, die der Satan als letzte Trumpfkarte ausspielen will, um Gott in der Offenbarung seines Christus zuvorzukommen (2.

Thess 2; Offb 13). Im Ganzen handelt es sich um eine ideologisch bestimmte Weltmacht, die für kurze Zeit die Herrschaft über die ganze Erde gewinnt (Offb 13, 7.8). Einer tritt dabei als die beherrschende Figur hervor, der „Christus" des Teufels, der das schillernde Angebot des Feindes, das Jesus auf dem Berg der Versuchung so entschieden abwies (Mt 4, 9), mit gierigen Händen angenommen hat (Offb 13, 2b).

b) Früher schon traten bei manchen Gestalten deutlich antichristliche Züge in Erscheinung, so bei Napoleon und Hitler. Doch sie waren noch nicht die letzten. Ihr Einfluß- und Herrschaftsbereich war auch nur regional, noch nicht universal (Offb 3, 10; 13, 7). – Heute treten besonders beim Marxismus auffallend antichristliche Tendenzen hervor. Wir wissen noch nicht, ob daraus das letzte antichristliche Weltreich hervorgehen wird; nach *allen* Seiten hin müssen wir ja wachsam sein. Doch die antichristlichen Züge sind hier unverkennbar: In der Mitte des letzten Jahrhunderts arbeiteten zwei begabte junge Männer zusammen, der eine aus einem jüdischen Elternhaus, Karl Marx, der andere aus einem pietistischen Elternhaus, Friedrich Engels. Beide wußten, was „Heilsgeschichte" ist, und nun sagten sie, vom linken Flügel der Hegelschen Philosophenschule herkommend: „Jetzt haben wir lange genug darauf gewartet, daß ein Gott die Welt neu macht. Nun wollen wir sie neu machen." Ihre Konzeption ist eine „Heilsgeschichte" in einem Dreierschritt: Weltrevolution, Diktatur des Proletariats und klassenlose Gesellschaft. Doch es ist eine „Heilsgeschichte", deren Subjekt, Akteur, nicht Gott, sondern der Mensch ist. Und das eben ist typisch antichristlich.

c) So kann es nötig werden, mit jungen Menschen,

und nicht nur mit jungen, die einen guten geistlichen Anfang gemacht haben, seelsorgerlich einzeln zu reden wegen ihrer immer klarer hervortretenden Sympathie für den Marxismus und für Gruppierungen, die ihm zuarbeiten. Ein Christ kann nicht zum Sympathisantenkreis des von antichristlichem Geist bestimmten Marxismus gehören. – Wir haben es in der Zeit, bevor der Nationalsozialismus an die Macht kam, gesehen, welch gefährliche Sogwirkung eine an die Macht strebende ideologische Bewegung auf zunächst sich noch einigermaßen distanzierende Sympathisanten hat. Aber wir haben auch gesehen, wie eine von treuer Fürbitte vorbereitete und begleitete Seelsorge, die in Wahrheit und Liebe geschieht, auch Menschen wieder herauszulösen und an Jesus zu binden vermag.

3. *Die Gefahr, sich in das hineinnehmen zu lassen, was die Bibel „Hure" heißt*

a) Die Heilige Schrift redet von der „Braut", von dem Volk Gottes, von der Gemeinde Jesu, die ihrem Herrn durch dick und dünn treu bleibt und im Glauben, ohne zu schauen, geduldig ausharrt, bis ihr *Herr* sie herrlich macht und erhöht (Hos 2, 21.22; Eph 5, 32; Offb 19, 7). – Und die Schrift redet von der „Hure", das heißt, einem angeblichen Gottesvolk, einer angeblichen Gemeinde Jesu, die nicht warten will, bis ihr Herr sie erhöht, und die deshalb mit den Mächten dieser Welt, mit dem Antichrist ein Bündnis eingeht. Bei der Bezeichnung „Hure" geht es hier nicht zuerst um Übertretungen des sechsten Gebots, sondern des ersten Gebots, um den Bruch des „Ehebundes" mit Gott, mit unserem Herrn Jesus Christus (vgl. Jes 1, 21;

Hes 16; 23; Hos 1; Offb 17). – Die Scheidung zwischen der ihrem Herrn treu bleibenden Christenheit und einer angeblichen Christenheit, die in Wirklichkeit zu der antichristlichen Weltbewegung übergelaufen ist und mit ihr zusammenarbeitet (vgl. Offb 17, 3), ist unerläßlich.

b) Auf keinen Fall dürfen wir hier schnell und selbstsicher Rollen verteilen, etwa so: „Wir wissen schon: die und die sind die Braut, und die und die sind die Hure." Oder gar: „Wir sind die Braut, und die andern sind die Hure." Das wäre Sektenart. Als unser Herr am Vorabend seines Todes sagte, daß einer der Jünger ihn verraten werde, fragten sie alle betroffen: „Herr, bin ich's?" Wir alle können nur sagen: „Herr, du kennst meine Schwäche, nur deiner harre ich; nicht das, was ich verspreche, was du sprichst, tröstet mich" (Ph. F. Hiller).

c) Und doch müssen wir gefährliche Tendenzen auch bei anderen sehen und ihrem Einfluß wehren, wenn manche den Methoden und Zielsetzungen eines angeblichen „New Age", eines „Neuen Zeitalters", menschlicher Selbsterlösung, auch in der Kirche Tür und Tor öffnen wollen. Oder wenn von manchen angeblich christlichen Kreisen marxistische Programme, Zielsetzungen und Propagandathesen übernommen werden; wenn gesagt wird, die erste Aufgabe der Mission heute sei „die Umverteilung der Macht"; wenn die Aufgaben der Kirche Jesu Christi ausgetauscht werden. Nach der Bibel geht es in der Kirche Jesu Christi um den *Frieden* des Menschen mit Gott, hier dagegen geht es nur um den Frieden zwischen Menschen und Mächten. Im Neuen Testament geht es um die *Gerechtigkeit* des Menschen vor *Gott,* darum, daß er Gott recht ist, hier dagegen geht es ausschließlich um menschliche Gerechtigkeit. In der Bibel geht es um die *Befreiung* des Menschen von Sünde, Satan und ewigem Gericht, hier dagegen allein um die Befreiung von politischen, wirtschaftlichen, gesellschaftlichen und kulturellen Zwängen. Der, von dem die Christenheit ihre Aufträge annimmt, der ist ihr Herr, ihr Christus, ihr Gott. Ja, hier geht es um die Entscheidung zwischen Christus und Antichrist.

d) Die „Hure" in Offenbarung 17 ist offenkundig eine Organisation oder Bewegung, hinter der *viele* stehen und die großen Einfluß nimmt (Offb 17, 2.15). Es könnte sich dabei einerseits um den genannten Teil der Weltchristenheit handeln, andererseits zusätzlich um Kräfte in allerlei Weltreligionen, mit denen sie sich, etwa im Sinne einer Welteinheitsreligion, zusammenschließt. Von daher muß es sehr bedenklich erscheinen, daß heute immer wieder von der „größeren Ökumene" gesprochen wird. Auch das „Friedensgebet" in Assisi vom Herbst 1986, zu dem sich Vertreter christlicher Kirchen und nichtchristlicher Weltreligionen zusammenfanden, ist besorgniserregend.

Hier sind insbesondere auch Gespräche unter vier Augen *seelsorgerlicher* Art nötig, um Junge und Ältere vor gefährlichen Abwegen und von einem folgenschweren Sich-Anpassen abzuhalten und sie um so mehr zu Jesus und auf den Weg seiner Nachfolge zurückzuführen. Paulus konnte sagen: „Ich habe nicht abgelassen, einen jeden unter Tränen zu ermahnen" (Apg 20, 31). Unser Herr helfe uns zu gleicher Treue!

4. Die Gefahr des Abfalls

Gottes Wort sagt, daß vor der Wiederkunft Jesu der große „Abfall" erfolgt (2. Thess 2, 3): Menschen verlassen die Gemeinde Jesu, durchbrechen, wie erwähnt, die Leitplanken des uns geoffenbarten Willens Gottes und laufen zum Antichrist über, bzw. lassen sich hineinnehmen in die große Schar derer, die die Bibel im Blick auf die endzeitlichen Entwicklungen die „Hure“ nennt, die mit dem Antichrist gemeinsame Sache machen (Offb 17, 3).

Wie kommt es zu diesem Abfall? Unser Herr spricht: „Sie haben keine Wurzel; eine Zeitlang glauben sie, und zu der Zeit der Anfechtung fallen sie ab“ (Lk 8, 13). Demgegenüber mahnt Paulus: „Wie ihr nun den Herrn Christus Jesus angenommen habt, so lebt auch in ihm und seid in ihm verwurzelt und gegründet und fest im Glauben, wie ihr gelehrt worden seid, und seid reichlich dankbar“ (Kol 2, 6.7). Darauf also kommt es an, daß wir schon in ruhigen Tagen in einer engen und steten Gemeinschaft mit unserem Herrn leben, ja daß wir mit ihm zusammengewachsen sind: in der Zwiesprache mit ihm –, im Hören auf unsern Herrn, in seinem steten Umgang, in seiner Nachfolge, in der Hingabe an ihn und im Dienst und Leiden für ihn. Es ist ungemein wichtig, daß wir auch schon in guten Tagen in dieser engen Gemeinschaft mit unserem Herrn leben. Nur das trägt uns in Zeiten der Anfechtung durch, auch in der „letzten bösen Zeit“.

Gerade in unserer *Seelsorge* wollen wir, solange uns Gott noch Frist gewährt, uns darauf konzentrieren, daß die Glieder unserer Kreise, Gemeinschaften und Gemeinden nicht mit ihrem Glauben Schmarotzerpflanzen gleichen, also nicht selber Wurzeln in den wahren Grund senken, sondern sich von andern tragen lassen und von ihrem Glauben leben wollen. Vielmehr wollen wir sie unaufdringlich und doch klar dazu hinführen, daß sie mit Jesus in engster steter Gemeinschaft leben und so das Ziel erreichen.

II. Bereitschaft für die Wiederkunft Jesu

Ein Bild: Es war im Frühjahr 1945 in einer württembergischen Stadt. In einer Fabrik war eben Werkpause. Draußen auf dem Fabrikhof saßen in einer Ecke die deutschen Arbeiter, in der andern die „Gastarbeiter" jener Zeit: französische Kriegsgefangene. Die Unterhaltung war gedämpft. Plötzlich verstummte sie ganz. Was war das, was sie eben alle gehört hatten? Ein heraufziehendes Frühlingsgewitter? Nein, die Geräusche wiederholten sich und machten allen klar: der Krieg kam näher! Die französischen Truppen hatten den Schwarzwald überschritten und näherten sich nun dieser Stadt. Ungemein unterschiedlich war das Empfinden der beiden Menschengruppen. Die einen waren sehr bedrückt: „Nun kommt also der Krieg auch zu uns! Was wird aus uns werden?" Und die andern konnten ihre Freude kaum verbergen: „Nun kommen unsere Freunde! Wir werden frei und dürfen heim!" – Ähnlich wird es sein, wenn unser Herr kommt. Die einen werden maßlos erschrecken: „Ihr Berge, fallet über uns, und ihr Hügel, decket uns!" Am liebsten würden sie sich in den Boden verkriechen. Und die andern werden sich unsagbar freuen: „Ihr Freund kommt vom Himmel prächtig, von Gnaden stark, von Wahrheit mächtig. Ihr Licht wird hell, ihr Stern geht auf!" Doch zwischen jenem menschlichen Geschehen und dem Kommen unseres Herrn ist in mehrfacher Hinsicht ein großer Unterschied: Insbesondere lag es 1945 unter jenen

Arbeitern schicksalhaft fest, wer sich freuen konnte und wer erschrecken mußte: die einen waren eben als Glieder dieses Volkes geboren und die andern als Glieder jenes. Hier dagegen ist es in unsere Hand gelegt. Denn der Herr, der morgen in enthüllter Macht und Hoheit Gottes erscheint, er, der für uns Gekreuzigte und Auferstandene, steht heute unsichtbar in seinem Wort und Geist und unscheinbar in seinen Boten vor den Türen der Menschen, klopft und bietet ihnen seinen Frieden und das Bürgerrecht seines Reiches an (Offb 3, 20). Wenn wir ihn um seinen Frieden bitten, wenn wir ihn als den Herrn unsres Lebens annehmen, wenn wir ihn selbst in unser Leben hereinbitten und ihm unser ganzes Leben einräumen, uns „heiligen" lassen „durch und durch" (1. Thess 5, 23.24), sind wir für den großen Tag unseres Herrn Jesus Christus bereit. Wir wollen uns mitnehmen lassen zu den Türen der andern, damit doch auch sie seinen Frieden erlangen und an Christi großem Tag nicht erschrecken müssen, sondern sich freuen können.

Es gibt kein wichtigeres *Thema unserer Seelsorge,* unseres ganzen Bemühens um die einzelnen, als daß doch auch sie sich mit ihrem ganzen Leben Jesus unterstellen und sich von ihm gebrauchen lassen zum Dienst für andere. Das hohe Ziel unserer Seelsorge ist es, daß die uns Anvertrauten bereit werden für die Wiederkunft Jesu.

III. Ausharren in Demut, Geduld und Glauben

Unser Herr war *„von Herzen demütig"* (Mt 11, 29), vor allem darin, daß er an dem heilsgeschichtlichen Ort blieb, an den der Vater ihn gestellt hatte: auf dem Weg zum Kreuz. In seiner Nachfolge haben wir insbesondere darin unsere tiefe Demut vor Gott und unser hohes Vertrauen zu Gott, „Geduld und Glauben der Heiligen“ (Offb 13, 10) zu bewähren, daß auch wir willig ausharren an dem heilsgeschichtlichen Ort, an den uns Gott noch immer stellt.

Da heute in der Gemeinde Jesu unter vielen die Neigung zum ungeduldigen Ausbruch vorhanden ist, besteht eine wesentliche Aufgabe unseres *Seelsorgedienstes* darin, unsere Mitchristen zu dieser Demut, zu Geduld und Glauben der Heiligen zu führen und sie dabei zu erhalten auf dem Weg „dem Lamme nach, wohin es geht“ (Offb 14, 4). – Im folgenden seien einige der Lebensbereiche genannt, im Blick auf die das willige Bleiben an dem uns von Gott noch immer zugewiesenen heilsgeschichtlichen Ort, besonders angesichts endzeitlicher Entwicklungen, bewährt werden muß:

1. Am Ziel werden wir mit dem großen Gott, mit unserem Herrn Jesus Christus reden können „von Angesicht zu Angesicht“ (1. Kor 13, 12); dazu gehört dann, daß auch er so unmittelbar mit uns redet. – Doch manche behaupten, daß das bei ihnen jetzt schon so sei; sie erzählen den andern von geheimnisvollen Dingen, die sie angeblich gesehen und gehört haben. Sie möchten „mehr“ als „nur“ das Wort der Schrift. – Doch die von Herzen demütig in der Nachfolge Jesu stehen, fügen sich in die Schranken, in die uns Gott jetzt immer noch stellt: „Nicht über das hinaus, was geschrieben steht“ (vgl. 1. Kor 4, 6). Sie wollen auf keinen Fall zum Wort der Schrift etwas „hinzutun“ (Offb 22, 18; vgl. Joh 14, 26; 16, 14). Ja, das

Wort der *Schrift* ist ihnen überaus lieb und kostbar. „Herr, dein Wort, die edle Gabe, diesen Schatz erhalte mir!"

2. Am Ziel wird unser Herr – das sei in diesem Zusammenhang gesagt – auch alle *sichtbare Wirkung,* alle Folge der Sünde aufheben, so daß es heißen kann: „Der Tod wird nicht mehr sein, noch Leid noch Geschrei noch Schmerz wird mehr sein; denn das Erste ist vergangen" (Offb 21, 4). Aber jetzt ist es noch nicht so weit. Gott „tut alles fein zu seiner Zeit". Er heilt die Welt nach dem Einbruch der Sünde in Stufen. Mit dem ersten Kommen unseres Herrn heilt er die *verborgene Ursache* des Elends. Auf unsere Bitte hin vergibt er uns unsere Sünde, schenkt uns seinen Heiligen Geist und die Gotteskindschaft. Erst mit dem zweiten Kommen unseres Herrn, bzw. mit der Vollendung heilt er, wie gesagt, auch die *sichtbare Wirkung* der Sünde. Wohl schenkt Gott, wie er will, auf unser Gebet in seiner Güte und Vaterweisheit auch jetzt schon Kostproben, *„Zeichen",* die anzeigen, was er einmal ganz im Großen tun wird. Aber zu unserer Bewährung als Überwinder stellt er uns in der Regel in die Prüfung des „Nicht-Sehens und Doch-Glaubens" (Joh 20, 29; 2. Kor 5, 7). Wir befinden uns, solange wir noch in dieser Weltzeit das Leben haben, sozusagen in der Aufnahmeprüfung für die himmlische Herrlichkeit, und das Hauptprüfungsfach heißt hier: „Nicht sehen und doch glauben". So werden wir auch als Glaubende noch krank und müssen sterben, wenn nicht zuvor der Herr seine Gemeinde verwandelt und entrückt (1. Kor 15, 51; 1. Thess 4, 17).

Nicht wenige wollen heute aus diesem heilsgeschichtlichen Ort ausbrechen, auch hier wollen sie

„mehr" und sagen: „Wer glaubt, ist nicht krank, und wer krank ist, glaubt nicht recht." Aber das führt zu schlimmen Enttäuschungen. Wohl hat unser Herr „unsere Krankheit getragen" (Jes 53, 4), und er ist sogar unseren Tod gestorben. Aber dennoch müssen wir Christen bis zur Entrückung auch noch sterben und, vorausgehend, krank sein und so in dieser Hinsicht unsern Glauben, ohne zu schauen, bewähren. In dieser Bewährungsprobe wollen wir ausharren und, auch das gehört dazu, in der Nachfolge unseres Herrn *von Herzen demütig* sein.

Ja, es ist jetzt noch „Höre-Zeit", noch nicht „Sehe-Zeit"; in seinem *Wort* schenkt uns Gott sein Heil. Wahre Kinder Gottes fügen sich willig in die Ordnung ihres himmlischen Vaters. „Bring uns völlig in die Schranken, die dein Liebesrat gesetzt."

Daß wir und unsere Mitchristen uns nicht so sehr auf das Sehen-Wollen einstellen, ist auch deshalb wichtig, weil der Antichrist und der falsche Prophet einmal Wunder über Wunder tun werden, trügerisch, so daß den Leuten die Augen übergehen (Mt 24, 24; 2. Thess 2, 9-12; Offb 13, 14). Darauf dürfen Nachfolger Jesu auf keinen Fall hereinfallen. Deshalb ist hier eine wichtige Aufgabe der persönlichen Seelsorge.

3. Am Ziel wird unser Herr die Seinen „herrlich" machen; und „Herrlichkeit", haben die Väter gesagt, ist „enthüllte Göttlichkeit" (Röm 8, 18; 1. Kor 2, 7; Kol 3, 4; 1. Joh 3, 2; Offb 22, 4.5). Jetzt dagegen ist unser Leben noch „verborgen mit Christus in Gott" (Kol 3, 3). Wohl schenkt unser Herr den Seinen die für ihre Aufgaben erforderlichen Gaben (Röm 12, 6-8; 1 Kor 12, 4-11; Eph 4, 7-16). Aber die Nachfolger Jesu bleiben dennoch in der Regel unscheinbare Leute

(vgl. Kol 3, 3). – Manche aber wollen jetzt schon „mehr“, glanzvolle Leute sein mit den auffallendsten Gaben zu ihrer Selbsterhöhung. – Da gehen Jünger Jesu, die in der Spur ihres Meisters bleiben wollen, willig den unteren Weg, auch in der Bereitschaft zum Leiden, bis der Herr sie erhöht und herrlich macht (Lk 14, 11). Es ist wichtig, uns wechselseitig seelsorgerlich dahin zu führen und dabei zu erhalten.

4. Am Ziel werden wir als Glaubende unserem Herrn gleich sein (1. Joh 3, 2), auch insofern, als wir dann von keiner Sünde mehr angefochten werden. Jetzt dagegen „ist noch nicht erschienen, was wir sein werden“ (1. Joh 3, 2), auch in der Hinsicht, daß wir täglich um Vergebung unserer Sünden bitten müssen, so wie ums tägliche Brot. So lehrt unser Herr seine *Jünger:* „Wenn ihr betet, so sprecht ‚...unser täglich Brot gib uns heute *und* vergib uns unsere Schuld‘“ (Lk 11, 2.4). Noch immer sind wir täglich auf die Gnade Gottes in Jesus Christus angewiesen. Die Meinung nicht weniger, sie hätten es nicht mehr nötig, das Vaterunser zu beten, weil sie der Sündenvergebung nicht mehr bedürftig seien, ist eine Selbsttäuschung und der „Hochmut, der vor dem Fall kommt“ (Spr 16, 18). Täglich leben wir von dem Opfer von Golgatha, vom Vergeben und der Gnade unseres Herrn. – So reden Gotteskinder nicht, weil sie mit der Sünde in „friedlicher Koexistenz“ leben, sondern weil sie in ihrem Streben nach Heiligung sich im unbestechlichen Licht des Wortes Gottes sehen (vgl. Mt 5, 21-48). Es bleibt dabei: „Erbarmung ist’s und weiter nichts.“

Unsere Mitchristen bei dem allem zu erhalten, gerade auch auf dem Weg durch die Endzeit, in der nach Jesu Wort *„viele falsche Propheten“* auftreten werden (Mt 7, 15; 24, 11), ist eine vorrangige Aufgabe der *persönlichen Seelsorge* in der Gemeinde Jesu. Sie hat auch das Ziel, vor einem ungeduldigen und stolzen Ausbruch aus dem heilsgeschichtlichen Ort zu bewahren, an den Gott in seiner Weisheit seine Gemeinde noch immer stellt.

Und wenn wir hier andern einen Dienst tun wollen, dann ist es unabdingbar, daß wir uns *selbst* täglich zu dieser willigen Demut überwinden lassen, zu „Geduld und Glauben der Heiligen" (Offb 13, 10). „Gib nur, daß sich auch mein Wille fein in solche Schranken fügt."

Wir können und müssen nicht alles tun. – Eine Auslegung des Gleichnisses von der selbstwachsenden Saat (Mk 4, 26-29)

Ein Christ um die Fünfzig, viel im Außendienst seiner Firma, war immer wieder ausgesprochen angefochten: In jüngeren Jahren engagierte er sich sehr in der Jugendarbeit. Nun diente er in einer Gemeinschaft mit. Auch hatten er und seine Frau einen Hauskreis ins Leben gerufen, um auf diese Weise Fernstehende zu erreichen. Unzählige Gespräche über den Glauben, über Jesus Christus, über Gott hatte er geführt, nur um den Leuten zu einem rechten Zugang zum Glauben zu verhelfen. Bei seinen vielen Autofahrten nahm er oft täglich am Straßenrand wartende junge Menschen mit in der Absicht, wie es sich ergab, ihnen Jesus großzumachen. Viele Unterredungen wurden zu ausgesprochenen Seelsorgegesprächen. Immer wollte er für seinen Herrn und von ihm her für die Menschen zur Verfügung stehen. Er tat auch treu Fürbitte. Wenn er allein im Auto fuhr, war oft die ganze Fahrtzeit eine Zwiesprache mit seinem Herrn für die Menschen, die er sich aufgetragen sah. Doch nun war das seine Anfechtung: „Was ist aus dem allem geworden? Wo sind die Menschen, die sich durch meinen Dienst echt bekehrt haben? Werde ich, wenn einmal mein Herr mich ruft, trotz all meiner Geschäftigkeit nicht mit leeren Händen dastehen?“

Vielleicht kennen wir solche Fragen und Anfechtungen durchaus auch, gerade im Blick auf unseren Seelsorgedienst.

Da kann uns ein kleines, wohl oft nicht sehr beachtetes Gleichnis unseres Herrn zur großen Hilfe werden, wie es jenem Mann zur Hilfe wurde: „Jesus sprach: Mit dem Reich Gottes ist es so, wie wenn ein Mensch Samen aufs Land wirft und schläft und aufsteht, Nacht und Tag; und der Same geht auf und wächst, und er weiß nicht, wie. Denn von selbst bringt die Erde Frucht, zuerst den Halm, danach die Ähre, danach den vollen Weizen in der Ähre. Wenn sie aber die Frucht gebracht hat, so schickt er alsbald die Sichel hin; denn die Ernte ist da" (Mk 4, 26-29).

Hier wird deutlich: es ist recht, das uns Mögliche treu, sorgfältig und sachgemäß zu tun. Wir erkennen, wer hier der eigentlich Säende und was das Saatgut ist und das Land, auf das wir säen. Es wird gezeigt, was nach der Aussaat zu tun und was das Schlußergebnis ist. Alles in allem wird klar: wir können und müssen nicht alles tun.

I. Es ist recht, das uns Mögliche treu, sorgfältig und sachgemäß zu tun

1. Der „Mensch" im Gleichnis sät; er „wirft Samen aufs Land". Dazu gehört, daß das Land zunächst gepflügt wird, daß die groben Schollen mit der Egge fein gemacht werden, daß die Unkrautwurzeln, die an einer Ecke des Ackers vom Nachbargrundstück herübergewuchert sind, entfernt werden und auch daß die geeignete Witterung für die Aussaat abgewartet wird. Ja, es ist nötig, nach allen Regeln der Kunst zu säen.

2. Unser Herr sagt hier: Entsprechend verhält es sich mit dem Reich Gottes da, wo wir alte und junge Menschen dafür gewinnen wollen, daß sie sich Jesus und seiner guten Herrschaft vertrauensvoll unterstellen und so ewig gerettet werden, ja daß sie nicht mehr sich selbst leben, sondern dem, der für sie gestorben und auferstanden ist. Es geht zu wie im Gleichnis:

a) Nötig ist, daß wir überhaupt säen, angefangen bei unseren Angehörigen und in unserem ganzen Lebenskreis; daß wir die Gelegenheit nützen, wenn etwa einer von seinen Nöten sagt.

b) Entscheidend ist, *was* wir dann säen, etwa wenn eine Unterredung zum Seelsorgegespräch wird. Nicht nur unsere Meinung, unsere Erfahrung, unsere vernünftigen und abgeklärten Ansichten, unser Wohlmeinen sind gefragt. Vielmehr gilt es, das *Wort Gottes* zu säen, das, was von der Bibel her zu den anstehenden Fragen zu sagen ist (Lk 8, 11).

c) Wichtig ist auch die Frage, *wie* zu säen ist, wie heute Gottes Wort weitergesagt werden muß. – Junge Leute sprachen mit ihrem Pfarrer: „Wenn Sie zu predigen beginnen, dann ist das für uns so, als wenn ein Zug zwar mit herabgeminderter Geschwindigkeit durch unsern Bahnhof fährt, aber nicht anhält, so daß man auch wirklich einsteigen kann. Und gleich legt dann sozusagen der Zug wieder mächtig an Tempo zu. Lassen Sie uns doch zu Beginn Ihrer Predigt erst einsteigen! Nennen Sie uns die Fragen, auf die der Predigttext die Antwort gibt. Oder führen Sie uns zuallererst an die entsprechenden Fragen heran, die wir vielleicht noch gar nicht gesehen haben, die aber entscheidend wichtig sind." So ist es nötig, in unseren Unterredungen, in unserem Zeugnis, unseren Seelsorgegesprächen sozusagen an dem Bahnsteig anzuhalten, an dem der Betreffende steht, und ihn dann zum Einsteigen einzuladen, nicht bei uns, aber bei unserem Herrn.

Ja, es ist gut, wenn wir uns da alle Mühe geben, wenn wir auch, etwa durch Bücher, von den Erkenntnissen und Erfahrungen anderer lernen, und wenn wir dann unaufdringlich und behutsam und doch mit allem Ernst und aller Liebe den so wichtigen Dienst tun.

Unser Herr Jesus Christus wird ja an seinem großen Tag, wie er immer wieder gesagt hat, einmal nicht die faulen, trägen und bequemen Knechte loben, sondern die fleißigen, die sich alle Mühe gaben, die in ihren Aufgaben, wie immer es ihnen möglich war, treu waren.

II. Wir erkennen, wer hier der eigentlich Säende und was das Saatgut ist und das Land, auf das wir säen

1. Wer *eigentlich* der *Säende* ist? Es ist unser Herr Jesus Christus, es ist Gott. Denn Jesus sagt hier im Gleichnis zunächst von dem Mann, der gesät hat, und dann vom selben Mann: „Wenn sie (die Saat) aber die Frucht gebracht hat, so schickt er alsbald die Sichel hin; denn die Ernte ist da." Und nach aller Auskunft der Schrift ist Christus, ist Gott selbst der Erntende, der, der „die Sichel hinschickt"; seine Engel sind die, die an seinem großen Tag die Ernte einbringen (Mt 13, 39-43; Offb 14, 14-16).

Wenn demzufolge also im Grund Gott der Säende ist, dann können wir völlig unbesorgt sein. Denn was Gott tut, ist nie umsonst, auch wenn er es durch Menschen tut. So kündigt Gott schon im Alten Testament an: „So soll das Wort, das aus meinem Munde geht, auch sein: Es wird nicht wieder leer zu mir zurückkommen, sondern wird tun, was mir gefällt, und ihm wird gelingen, wozu ich es sende" (Jes 55, 11).

Der englische Missionar Hudson Taylor arbeitete unter größten Schwierigkeiten im Innern Chinas. Da schrieb er eines Tages seinen Eltern nach Hause: „Die Hindernisse sind jetzt nicht geringer, im Gegenteil. Aber ich habe vor einiger Zeit eine Erkenntnis gewonnen, die mich ungemein entlastet und entkrampft: Jesus sagt doch, daß wir, seine Leute, Reben an ihm, dem Weinstock, sind und Glieder an seinem Leib. Dann können wir ja unbesorgt sein; er trägt die Verantwortung. Das Ganze ist ja *sein* Unternehmen, mit dem er verlorene Menschen ewig retten will."

2. Das *Saatgut* ist *Gottes Wort.* Jesus sagt an anderer Stelle: „Der Same ist das Wort Gottes" (Lk 8, 11). Menschenwort und Gotteswort verhalten sich wie Sandkörner zu Weizenkörnern oder auch wie Goldkörner zu Weizenkörnern. Den Weizenkörnern ist eigen, daß sie den Keim neuen Lebens in sich tragen. So ist es erst recht dem Wort Gottes eigen im Unterschied zu allem noch so glänzenden Menschenwort, daß es wunderbar den Keim neuen, geistlichen Lebens in sich trägt. Das dürfen wir wissen und wollen wir festhalten, wenn wir Gottes Wort, die Botschaft der Bibel, weitersagen.

3. Das *Land* aber, auf das gesät wird, sind *Menschenherzen.* Im Gleichnis vom vierfachen Ackerfeld sagt Jesus, daß zwar auch viel ausfällt, aber daß schließlich doch eine Ernte dasteht. Die Saat des Wortes Gottes in die Menschen ist also eine zwar gefährdete, aber dennoch sehr hoffnungsvolle Sache (Mt 13, 3ff.).

Vor einigen Jahren haben wir gesehen, wie es auf dem Mond aussieht: nur Steine und Sand gibt es, kein Wasser und keine Atmosphäre, in der lebende Wesen atmen könnten. Alles ist tot! Da sind wir neu dankbar geworden für unsere schöne Erde, für die Humusschicht, die hier weitgehend das Gestein bedeckt, für den wundervollen Kreislauf des Wassers, für unsere Atmosphäre, das heißt, das für das Leben auf dieser Erde gerade richtige Gasgemisch.

So ist das auch mit den Menschenherzen gegenüber Gottes Wort, auch wenn es uns oft anders erscheint. Nach der Bibel sind die Menschenherzen, ob alt oder jung, eben doch für Gottes Wort nicht eine „Mondlandschaft": Saat wächst, und es wird einmal Ernte sein. – Einem Pioniermissionar des letzten Jahrhunderts unter Völkern Ostafrikas, Johannes Rebmann, der nach vielen Jahren treuesten Bemühens noch immer keine Gemeinde sammeln konnte, schrieben Freunde aus Europa: „Es ist ja bewundernswert, daß Du solcherweise in diesem unwirtlichen Land aushältst. Aber es ist doch vergebliche Liebesmühe! Diese Ostafrikaner sind gar keine Menschen mit einer unsterblichen Seele; sie haben kein Organ für Gottes Wort; sie sind nicht wie wir für Gott angelegt, sondern nur eine besondere Affenart." Rebmann wußte von Gottes Wort her über diese Menschen besser Bescheid. Auch ihnen war das Evangelium auszurichten, und auch Menschen aus diesen Völkern werden bei den Geretteten sein, die einmal Gott, unserem Herrn Jesus Christus, für ihre Rettung danken (Mt 24, 14; Offb 7, 9). Schließlich konnte der Missionar doch noch eine zwar kleine, aber lebendige, echte Gemeinde sammeln. Eben unter diesen Völkern gibt es heute infolge der bekannten ostafrikanischen

Erweckungsbewegung sehr viele treue, tätige und auch im Leiden bewährte Christen, von denen wir Europäer viel lernen können. Es hat sich gezeigt, daß auch die Menschenherzen in Ostafrika keineswegs für Gottes Wort eine „Mondlandschaft" sind, sondern für Gott Frucht, eine reiche Ernte bringen. In Deutschland ist das ebenso, auch in unserer Generation.

III. Es wird gezeigt, was nach der Aussaat zu tun ist

1. Unser Herr spricht hier: „Mit dem Reich Gottes ist es so, wie wenn ein Mensch Samen aufs Land wirft und schläft." Das ist's, was hier nach der Aussaat als erstes genannt ist: „Er schläft."

Ein alter Bauer nahm, wenn er seinen Acker besät hatte, still die Mütze vom Kopf und sprach leise: „Herr, ich danke dir für das gute Saatgut und für das gute Land; du hast die Kraft zu einer neuen Ernte dareingelegt. Dir befehle ich die Saat an. Bewahre sie, schenk Sonnenschein und Regen und gib in Gnaden eine Ernte!" Dann wandte er sich von dem Acker ab und kehrte so bald nicht wieder zu ihm zurück. Er konnte anderes tun und auch schlafen. Er mußte nicht dauernd voller Unruhe an die Aussaat gerade auf diesem Acker denken.

So können und wollen wir auch unsere Aussaat von Gottes Wort getrost unserem Gott anbefehlen: unsere Aussaat in der Kindererziehung, im Bibelkreis, in der Gemeinschaftsstunde, im zeugnishaften Gespräch, in der Seelsorge. Wir müssen nicht dauernd unruhig sein. Wir können anderes denken, nicht zuletzt an eine neue Aussaat des Evangeliums. Und wir können auch schlafen.

Es gibt viele Worte und Gleichnisse Jesu, die uns zum Fleiß und zur Eile anspornen. Da ist es außerordentlich hilfreich, daß uns auch dieses kurze Gleichnis mit seiner so tröstlichen, gewiß und froh machenden Botschaft gegeben ist.

2. „Der Same geht auf und wächst." Und der, der zuvor gesät hat, „weiß nicht, wie", sagt unser Herr weiter. Vieles sehen wir nicht und wissen wir nicht: das ganze wunderbare Geheimnis des natürlichen und vor allem des geistlichen Lebens. Manches dürfen wir auch nicht wissen wollen. Der Bauer würde viel zerstören, wenn er nach einigen Tagen in der Erde wühlen würde, um zu sehen, ob denn nun der Weizen tatsächlich keimt. So dürfen wir auch im Geistlichen nicht so rasch und nicht so ungeduldig, etwa nach einem Seelsorgegespräch, das wir hatten, bei dem Betreffenden nachfragen, um zu hören, ob denn da wirklich etwas aufgehe. Das keimende Leben, auch im Geistlichen, muß verdeckt bleiben.

Ja, oft wissen wir noch nach Jahren nicht, was aus unserer Aussaat, etwa einem Seelsorgegespräch, geworden ist. Die Hauptsache, Jesus weiß es und gibt jeweils, auch durch andere, was seine Pflanzung in den einzelnen Menschen nötig hat. – Ein Geschäftsmann, um die Vierzig, erzählte, daß er erst vor wenigen Jahren zum Glauben gekommen sei, das habe aber eine lange Vorgeschichte gehabt. In seinem Elternhaus wurde nicht gebetet und nicht die Bibel gelesen. Doch da brachte ihn seine Mutter, er war damals knapp sechsjährig, regelmäßig für die Zeit, während der sie zur Arbeit ging, zu einer alten, beinbehinderten Nachbarsfrau. Diese Frau war zu dem Jungen sehr liebevoll. Auch erzählte sie ihm alle paar Tage eine Geschichte von Jesus. Danach zeigte sie ihm jeweils in einem Buch ein entsprechendes Bild und sprach schließlich mit ihm zusammen kurz mit Jesus. Alles, was damals die Welt des Jungen ausmachte, brachte sie im Gebet vor den Herrn. Doch bald zog die Familie weg, und die Frau mochte denken: „Nun geht der arme Junge eben auch auf und unter in dieser Welt, in der man ganz auf das Sichtbare gerichtet ist. Es wird gewiß umsonst gewesen sein, was ich ihm erzählt habe." Doch der nun zum Glauben gekommene Mann berichtete: „Damals, als die alte Frau mir die Geschichten erzählte und mit mir betete, kam etwas überaus Hilfreiches auf mich zu. Mir war so wohl, daß ich das Heimweh danach nie mehr ganz verlor. Und als ich dann von einem Geschäftsfreund zu biblischen Vorträgen eingeladen wurde, da war alle Vorbereitung getroffen." – Der Same geht auf und wächst, ohne daß wir's wissen. Seien wir unbesorgt!

3. „Denn von selbst bringt die Erde Frucht." Für die Worte „von selbst" steht in der griechischen Ursprache des Neuen Testaments ein Ausdruck, von dem unser Fremdwort „automatisch" abgeleitet ist. Die Leute sagen oft unruhig, hektisch und auch großsprecherisch: „Von selbst wird nichts!" Gewiß, was der Mensch kann, das soll und muß er auch tun. Aber das ist bei weitem nicht alles. Das Größte und Wichtigste für das natürliche und das geistliche Leben geschieht „von selbst", das heißt, infolge der Schöpfermacht und auf Geheiß Gottes. Das ist ein Grund mehr, uns auf Gott angewiesen zu wissen, ihn zu bitten, ihm zu vertrauen und ihm zu danken.

4. Unser Herr nennt die wachstümlichen Entwick-

lungsstufen der Pflanzen: „Zuerst der Halm, danach die Ähre, danach der volle Weizen in der Ähre.“ Der Bauer weiß, eine Pflanze braucht für das Wachsen Zeit. Man darf hier nicht ungeduldig werden. Es sagt keiner einige Wochen nach der Aussaat: „Es ist doch nur ein grüner Anflug über den Schollen; das wird niemals etwas Rechtes; ich komme mit dem Pflug und stürze das Ganze wieder um.“ Es sagt auch keiner, wenn der Weizen im Frühsommer geschossen ist und blüht: „In den Ähren sind ja keine Körner; ich werde das Ganze abmähen und dem Vieh verfüttern.“

Aber in den Dingen des „Reiches Gottes“, von dem hier Jesus redet, da können wir so schrecklich ungeduldig sein, mit den andern und auch mit uns selbst. Die plötzliche Verwandlung eines Menschen, der zum Glauben gekommen ist, geschieht selten. Gott liebt vielmehr wie bei seinem Schaffen in der Natur, so auch im Geistlichen das schier unmerkliche Wachstum. So kommt es in der Regel zu etwas, das geistlich gesund ist und sich bewährt. Es gehört wesentlich zum Glauben und Gehorsam, daß wir mit Gott denken, auch hier in der Seelsorge, mit eben dem so schaffenden Gott. Das wird uns vor Ungeduld bewahren, die gerade auch in der Arbeit am Menschen ein überaus schlechter Ratgeber ist.

IV. So ist das Schlußergebnis

Unser Herr spricht: „Wenn die Erde aber die Frucht gebracht hat, so schickt er alsbald die Sichel hin; denn die Ernte ist da.“

Wenn Gott die Weltgeschichte abschließt und unser Herr Jesus Christus wiederkommt, wird die Ernte sein, und wir werden trotz aller Anfechtung und nach aller Anfechtung gerade auch in unserem Zeugen- und Seelsorgedienst dennoch Gott „Garben bringen“ dürfen.

Unser eigenes Leben, wenn wir uns nur schlicht und klar an Jesus halten, wird einmal Ernte sein. Und wir werden unter anderen Menschen unserem Herrn mit unserem Dienst Frucht bringen. Dafür ist er gut. Und es darf trotz allem schmerzlichen Versagen und aller tiefen Anfechtung dennoch einmal auch für uns heißen: „Die mit Tränen säen, werden mit Freuden ernten. Sie gehen hin und weinen und streuen ihren Samen und kommen mit Freuden und bringen ihre Garben“ (Ps 126, 5.6).

Weitere Bücher vom gleichen Autor:

Vater unser
Beten in der Schule Jesu
Edition C Nr. M 89, 64 Seiten

Beten ist ein Urbedürfnis des Menschen und viele sehen mit Recht darin einen Weg, Hilfe für die zahlreichen bedrängenden Probleme zu finden. Jedoch auch Beten will gelernt sein! Ob unsere Gebete erhört werden, hängt weitgehend davon ab, ob wir richtig beten.

In der Schule Jesu können wir beten lernen, *richtig* beten lernen. Laßt uns zu Jesus in die Schule gehen und unter seiner Anleitung beten lernen. Das Vaterunser ist eine wundervolle „Schule des Gebets". Der Verfasser will uns dabei lebensnah und mit einer lebensvollen Sprache anleiten.

Möchte dieses Büchlein dazu beitragen, daß wir treuer und beständiger beten und die Macht des Gebets erfahren können.

Christus in uns-
die Botschaft der Bibel vom Heiligen Geist
TELOS-Wege zum Leben Nr. 2526, 140 Seiten

In der Frage nach dem Heiligen Geist gibt es heute sehr viel Verwirrung. Dieses Buch gibt uns eine gut begründete biblische Darstellung über Wesen und Funktion des Heiligen Geistes. Sie ist sehr praktisch und alltagsnah angelegt. Dieses Buch vermag uns den Reichtum des Heiligen Geistes auf biblischer Grundlage zugänglich zu machen.

Weitere Bücher im Verlag der Liebenzeller Mission:

J. Oswald Sanders
Von der Freude des vertrauten Umgangs mit Gott
Edition C Nr. C 205, 160 Seiten

J. Oswald Sanders vermittelt in einer neuen erfrischenden Art und Weise die Jahrhunderte alte Botschaft, wie man sich einer vertrauten Gemeinschaft mit Gott erfreuen kann. Sanders spricht über die ganze Bandbreite christlicher Erfahrungen bezüglich der Vertrautheit mit Gott. Das Buch enthält Kapitel über Anbetung, Gottes Größe, die Notwendigkeit der Reinigung, Liebe, Jüngerschaft und anderes.

D. Marty Lloyd-Jones
Geistliche Krisen und Depressionen
Ursachen und Überwindung
Edition C Nr. C 91, 320 Seiten
„Nichts ist so falsch in bezug auf das Neue Testament, als daß man den Eindruck erweckt, daß von dem Zeitpunkt an, da man glaubt und sich bekehrt, die Probleme vorbei sind." Von dieser ehrlichen Feststellung geht der Verfasser aus und befaßt sich anhand ausgewählter Bibeltexte gerade mit Krisen im Christenleben. Als einer der bekanntesten Prediger Englands, ursprünglich Arzt, später Pfarrer, weiß er gut Bescheid auch um die natürlichen Gegebenheiten, vor allem aber um die Kraft des Wortes der Bibel, das er hilfreich in unser angefochtenes Christsein hineinreden läßt.

Alfred Gajan
Mit-um-weiterdenken!
TELOS-Tabu Nr. 502, 110 Seiten

In diesem Buch sind 22 kurze Texte enthalten. Sie gehen von mancherlei menschlichen Situationen aus und wollen alle miteinander zu den Quellen des Glaubens an den lebendigen Gott führen und die Verbindung mit ihm festigen.

A. W. Tozer
Die Wurzel der Gerechten...
TELOS-Tabu Nr. 488, 170 Seiten

Der Verfasser schrieb über dieses Buch: „Diese Kapitel sind über einen Zeitraum von etwa fünf Jahren entstanden und sind keinesfalls beschauliche religiöse Aufsätze. Sie haben ihren Sitz vielmehr mitten im Leben. Und obwohl sie, wie ich hoffe, den Himmel ganz im Blickfeld haben, sind sie doch niemals zu weit von der rauhen Welt, in der Kinder Gottes kämpfen, arbeiten und beten, entfernt."